生活技能 026

開始在美國自助旅行

作者◎陳婉娜

太雅

圖片提供／吳碧月

「遊美國鐵則」

✓不繫安全帶，要罰！

理由：開車不論前座、後座，司機、乘客一律要繫上安全帶，小孩13歲以下不可坐在前座，小孩未超過8歲，或身高未超過4呎9吋(約145公分以下)，須坐安全座椅(Car Seat或Booster)，否則通通要受罰。各州對安全座椅的規範略有不同，可上網按州查詢：saferide4kids.com/car-seat-laws-by-state。

✓小費！小費！到處都要給小費！

理由：美國是個小費至上的國家，吃飯要給小費，泊車給小費，導遊給小費，計程車給小費，連理髮都要給小費！所以記得要換一些小額的美金在身上，否則就糗啦！

✓可樂喝不完！

理由：幾乎大部分的美國餐廳，飲料都可以續杯(現榨果汁例外)，帶著杯子，可樂、雪碧隨你裝，喝到掛也沒人理。

✓刷卡記得帶護照

理由：美國是信用卡萬萬歲的國家，很少老美皮包裡頭會帶超過200元美金的，使用信用卡刷卡非常方便，但刷卡時，某些商店會要求看ID，所以逛街記得要帶護照。

✓廁所沒有垃圾桶

理由：上完廁所找不到垃圾桶？原來美國文化是直接將衛生紙丟進馬桶內沖走，如果要丟女生的生理棉條，注意看牆上有個小小的四方鐵桶(通常要掀蓋子才看得到)，這裡是給你專丟女性生理用品的，垃圾不落地，只有外面洗手台邊才有落地的垃圾桶，這點真是大不同。

✓For Here or To Go?

理由：來到美國的速食店或簡餐店，店員最後都會加問顧客一句：「For here or To go?」，「For here」指店裡吃、「To go」指外帶。趕快學會這兩個簡單的生活單字，在美國點餐就更得心應手了。

✓一定要帶牙膏、牙刷、拖鞋

理由：美國的旅館不提供牙膏、牙刷及拖鞋，因為老美認為這些東西就跟內褲一樣，屬於私人及個人用品，應該由自己準備。

✓天氣熱，也不要撐傘啊！

理由：想要防曬，最好是塗抹防曬油和戴帽子，在美國打傘防曬，這是熱愛日光浴的老美們，最百思不解的。

✓隨身帶外套，免變「冰棒」

理由：美國多屬於大陸型氣候，因此，日夜溫差非常大，白天豔陽高照，晚上可能會凍死你，避免凍成冰棒的方法，就是多層次的洋蔥穿法，更不要忘記隨身帶著一件小外套。

✓買菸、買酒、上夜店，要帶護照

理由：美國規定只有年滿21歲的成年人，才可以買菸、買酒，所以購買時，商家一定會查驗你的護照，而販賣酒品的夜店，入場時也會查驗身分，所以千萬要記得帶護照，以免敗興而歸喔！

「遊美國必知單字」

停車場入口

只限出口

暫停載客服務

計程車招呼站

請繞路

單行道

緊急事故
撥911

保留車位

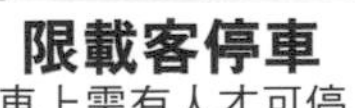

限載客停車
車上需有人才可停

清倉折扣

再多4～5折

快速結帳櫃檯
限物品10件或以下

自助式結帳櫃檯

得來速

超市推車退還處

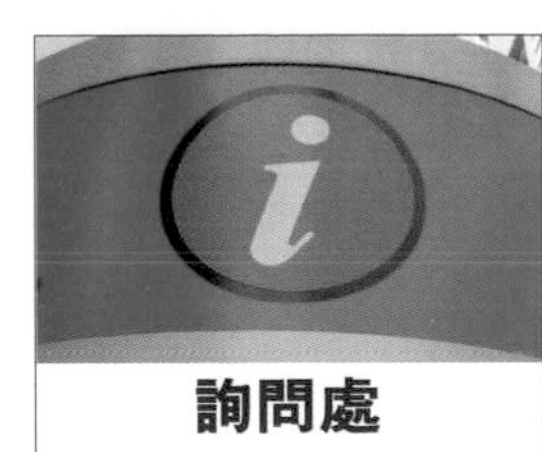

詢問處

查驗證件ID
30歲以下

普通垃圾

廚餘類垃圾

回收類垃圾

後疫情時代的美國旅遊

從疫情中逐漸復甦的大美國，經過大災難的洗禮，早已幻化出更新的面貌要迎接你的到來！

深受新冠疫情打擊的美國，曾經是世界上疫情最糟糕的國家之一，其國內確診人數至今超過一億多人，疫情死亡人數更高達一百萬人以上，但隨著疫苗的普及，疫情已漸入尾聲，疫情改變了傳統的旅遊方式，將能看見美國更多的活力與新鮮的角度。

Point 野趣旅行大流行

因為新冠疫情大爆發，人們趨凶避吉，開始學會遠離人群，進而轉向大自然的親密旅行，美國向來地大物博，數間國家公園早已列為珍貴的世界文化遺產，四處好山好水有無窮豐富的自然資源與景觀，自疫情之後，人們從城市轉向大自然探索樂趣，露營設備大賣，RV露營車成風潮，甚至是各種戶外活動，例如：健走、登山、騎車、露營、野餐、滑雪等……，野趣旅行一時蔚為風尚。

Point 公路旅行受青睞

坐飛機具有高傳染風險，新冠時期人們開始選擇開車旅行取代傳統的搭乘飛機，四通八達的高速高路，先進的公路系統，再交織著四周美麗的自然景觀，旅程已不再是直達目的地而已，而是慢慢享受其中的過程。如果你會開車，不妨規畫一小段的公路之旅(在美國開車租車詳見P.80），無論是被喻為風景最美的加州1號公路、被稱作「美國

公路之母」的66號公路，甚至是秋天季節楓葉參天的Kancamagus公路，享受大自然與各式浪漫旖旎小鎮的公路旅行，絕對是深度玩美國的上上選。

Point 人行道變身受歡迎

原來的人行道怎麼都一一變成了餐廳的戶外用餐區，新冠疫情驅使人們走向室外，戶外用餐大流行，尤其是風光明媚的加州陽光，室外用餐格外舒適宜人，你一定得試試！城市中某些街道甚至在週末會完全禁駛車輛，讓整條街區成為偌大的用餐區，別具特色！除了愛上戶外用餐之外，野餐也成為另一種時髦的選擇。

Point 無接觸式服務最夯

科技先進的大美國，對抗疫情最大的變化是走向無接觸式服務，防止不必要的傳播，包括：紐約地鐵使用先進的OMNY系統，感應手機就可以搭車；餐廳菜單開始流行給QR Code掃描看菜單並點餐，之後再感應手機刷卡付帳，全程零接觸。

圖片提供／ Stephanie Liu-Cossart(左圖)

Point 窮遊美國成必學

疫情造成的高通膨，打擊著美國經濟和治安，物價上漲造成旅費也上漲，對於聰明的旅客來說，學會精打細算格外重要！例如：選擇淡季出發、找旅伴分攤旅費、買廉價機票(P.42)、善用折價券(見P.148)等，本書將盡力幫你省到最高點。

美國對流行性傳染病防範政策

慢慢復甦的冒險魂，只要遵守美國對於新冠疫情的相關規定，就能玩得無比安心。(本篇為出版前查詢的最新資訊，出發前請再次查詢官網公告)

1 入境美國一定要打疫苗嗎？

不需要。自2023年5月12日起，入境美國的遊客不再需要出示已完全接種COVID-19疫苗的證明，即可登上飛往美國的航班。過去需要完整接種疫苗的要求已經完全失效，美國旅遊已經全面進入開放的階段。

2 旅遊美國有哪些防疫建議？

雖然入境美國已經不需要任何的疫苗証明，但根據美國疾病管制預防中心CDC的指引，還是建議旅客：

1. 打滿打好最新的疫苗保護自己。
2. 行前最好先做快篩(至少3天前)。
3. 在公眾運輸系統及飛機上配戴口罩。
4. 高風險人群(如老人及慢性病、重大疾病者)配戴口罩。
5. 抵達美國後再做一次快篩。

另外，美國醫療費很貴，健保理賠有上限，強烈建議行前最好購買足夠的海外旅遊醫療保險。

3 入境後需要隔離嗎？

無症狀無需任何隔離，大部分地區即使確診也沒有強制的隔離政策。

4 有強制戴口罩嗎？

大部分地區都沒有強制口罩令，基本上是自由心證，已越來越多人不戴口罩，但仍要留意各場所的防疫公告(有些會標明未戴口罩者不能入內)。建議若去到高風險的場合仍配戴口罩，如人潮多的地方、演唱會及醫院等。

5 在美國確診了怎麼辦？

快篩檢測：若出現相關症狀，可以先到藥局購買快篩劑。一般藥局(CVS、Walgreens)及某些大賣場(Walmart、Safeway)，也有PCR或快篩檢測(Antigen tests)的服務，但最好先上網預約。若需接種疫苗或加強針，可在檢測站或一般藥局施打。

確診治療：新冠的治療藥物可透過當地診所、醫生或當地藥房取得，但費用不便宜。緊急狀況可自行前往醫院急診或撥打911叫救護車。美國熱門的醫生搜尋網為：Healthgrades和Vitals.com，另外Yelp也有提供醫生或醫院的資訊，輸入郵遞區碼即可查找。若遇特殊情況英文不佳，可以撥打我國駐外館的急難救助專線請求協助，如無法取得聯繫，可請國內親友協助撥打免付費「旅外國人緊急服務專線」0800-085-095(諧音「您幫我您救我」)，自國外撥打回國須自付國際電話費用，撥打方式為：(當地國國際電話冠碼)+886-800-085-095。

相關問題可撥打我國疾管署免付費諮詢專線：1922或0800-001922，國外請撥+886-800-001922，但需自付跨國撥打費用。

我國外館急難救助專線	電話
舊金山	+1-415-2651351
西雅圖	+1-206-5108588
紐約	+1-917-743-4546
邁阿密	+1-786-253-7333
洛杉磯	+1-213-9233591
堪薩斯	+1-816-5229546
休士頓	+1-832-654-6041
檀香山	+1-808-3518818
關島	+1-671-988-7088
芝加哥	+1-312-636-4758
波士頓	+1-617-6509252
亞特蘭大	+1-404-3583875
華盛頓	+1-202-669-0180

6 自美返台需要隔離嗎？

目前為輕症免隔離，僅自主健康管理，中重症才需要通報，但隨著疫情的變化，規定和政策都會隨時更新，行前請先至衛生福利部疾病管制署查詢。

官方消息這裡查

美國疾病管制暨預防中心
http ww.cdc.gov

美國國務院旅遊資訊
http travel.state.gov

台灣外交部領事事務局
http www.boca.gov.tw

台灣衛生福利部疾病管制署
http www.cdc.gov.tw

搜尋COVID-19檢測站
http vaccines.gov(輸入郵遞區碼，搜尋最近站點)
http testinglocator.cdc.gov
http www.hhs.gov/coronavirus/community-based-testing-sites/index.html
☎ 1-800-232-0233

＊資料時有異動，請以官方公布的最新資料為主

遊美國行前Q&A

Q1 美國現在眞的免簽證了嗎？

沒錯！從2012年10月2日開始，台灣同胞到美國觀光，真的免簽證，向過去昂貴的簽證費、繁複的簽證手續說掰掰了！只要到美國觀光或洽商不超過90天，就可以免去辦簽證的麻煩，只要上網填一填旅行許可證的申請，就可以Easy to Go，快意暢遊美利堅啦！

Q2 美國到底好不好玩呢？

美國居世界旅遊國家的第二名(第一名為法國)，每年有高達六千萬的世界觀光客造訪，雖然歷史不長，但文明進步，尤其地大物博，保護良好的自然環境，讓旅行更加分，其中擁有20多項的世界文化與自然遺產，無數的國家公園，各種民族的薈萃，誰捨得不來開開眼界，看看這個世界數一數二的超級大國呢？

Q3 新冠大流行來美國要隔離嗎？

美國是受新冠疫情影響最深的國家之一，如今已逐漸走出陰霾，政府多採取放鬆政策，所以目前來美國已經不需要隔離或自主健康管理，而口罩規定則各州不一，多數比台灣規定寬鬆，較少強制，與仍需要隔離的國家相比，顯得自由開放許多。

Q4 美國機票好貴呀！

旺季要3～4萬元，但淡季有時只要2萬元，加上英文再怎麼樣都比較通，真的比去歐洲國家來得容易太多囉！

Q5 美國物價好貴喔！是個適合血拼的地方嗎？

美國物價真的比台灣高，但是如果掌握訣竅、懂得如何逛Outlets，在台灣貴如天價的名牌，在這裡會便宜得讓你買到手軟為止。幾乎所有的衣服店全年都有打折區，不用等週年慶，隨時都能撿便宜。

此外，在美國不論買什麼幾乎都可退或換，只要在規定的期限內(約14～30天內不等，可詳閱收據後面的Return Policy)，貨品吊牌還沒拆，也沒有使用過，帶著原收據及當初刷的信用卡即可辦理。

Q6 觀光客在美國買東西可退稅嗎？

美國對商品不抽國稅，只有收州稅，所以不能像歐洲那樣對觀光客有退稅的優惠，但某些特定的州對某些特定商品可免州稅，還是可以退到一些，詳見P.140說明。

Q7 在美國可以不給小費嗎？

雖然沒有人硬性規定，但這已經是美國文化的一部分了，我們應該入境隨俗、給予尊重。幾乎所有因人而服務的項目都期待你能給小費，例如餐廳、旅館清潔人員、代客泊車、計程車司機、理髮、導遊司機……等。

Q8 美國除了漢堡，應該沒什麼東西好吃的吧！

在美國，最大的好處就是可以吃到各種不同文化的美食。大城市中也常見世界名廚餐廳，紐約就有70多間餐廳入選為米其林餐廳，其中榮獲米其林三星的餐廳就有5間，其他如芝加哥、洛杉磯、舊金山、華盛頓DC，都是米其林紅色指南的囊括地，因此別傻傻地只會吃漢堡，這些高檔的廚藝絕對讓你大驚豔。

臺灣太雅出版編輯室提醒

出發前，請記得利用書上提供的通訊方式再一次確認

每一個城市都是有生命的，會隨著時間不斷成長，「改變」於是成為不可避免的常態，雖然本書的作者與編輯已經盡力，讓書中呈現最新的資訊，但是，仍請讀者利用作者提供的通訊方式，再次確認相關訊息。因應流行性傳染病疫情，商家可能歇業或調整營業時間，出發前請先行確認。

資訊不代表對服務品質的背書

本書作者所提供的飯店、餐廳、商店等等資訊，是作者個人經歷或採訪獲得的資訊，本書作者盡力介紹有特色與價值的旅遊資訊，但是過去有讀者因為店家或機構服務態度不佳，而產生對作者的誤解。敝社申明，「服務」是一種「人為」，作者無法為所有服務生或任何機構的職員背書他們的品行，甚或是費用與服務內容也會隨時間調動，所以，因時因地因人，可能會與作者的體會不同，這也是旅行的特質。

新版與舊版

太雅旅遊書中銷售穩定的書籍，會不斷修訂再版，修訂時，還區隔紙本與網路資訊的特性，在知識性、消費性、實用性、體驗性做不同比例的調整，太雅編輯部會不斷更新我們的策略，並在此園地說明。您也可以追蹤太雅IG跟上我們改變的腳步。

taiya.travel.club

票價震盪現象

越受歡迎的觀光城市，參觀門票和交通票券的價格，越容易調漲，特別Covid-19疫情後全球通膨影響，若出現跟書中的價格有落差，請以平常心接受。

謝謝眾多讀者的來信

過去太雅旅遊書，透過非常多讀者的來信，得知更多的資訊，甚至幫忙修訂，非常感謝大家的熱心與愛好旅遊的熱情。歡迎讀者將所知道的變動訊息，善用我們的「線上回函」或直接寄到taiya@morningstar.com.tw，讓華文旅遊者在世界成為彼此的幫助。

開始在美國自助旅行 新第十一版

作　　者　陳婉娜

總 編 輯　張芳玲
發想企劃　taiya旅遊研究室
編輯部主任　張焙宜
企劃編輯　張敏慧
主責編輯　張敏慧
特約編輯　洪釧瑜
修訂主編　鄧鈺澐
封面設計　許志忠
美術設計　許志忠
地圖繪製　許志忠

國家圖書館出版品預行編目(CIP)資料

開始在美國自助旅行／陳婉娜作.
——十一版，——臺北市：太雅，2023.07
面；　公分.——（So easy；026）
ISBN　978-986-336-450-4（平裝）
1.自助旅行　2.美國
752.9　　112006190

太雅出版社
TEL：(02)2368-7911　FAX：(02)2368-1531
E-mail：taiya@morningstar.com.tw
太雅網址：http://taiya.morningstar.com.tw
購書網址：http://www.morningstar.com.tw
讀者專線：(02)2367-2044、(02)2367-2047

出 版 者　太雅出版有限公司
台北市106辛亥路一段30號9樓
行政院新聞局局版台業字第五〇〇四號

讀者服務專線：(02)2367-2044／(04)2359-5819#230
讀者傳真專線：(02)2363-5741／(04)2359-5493
讀者專用信箱：service@morningstar.com.tw
網路書店：http://www.morningstar.com.tw
郵政劃撥：15060393(知己圖書股份有限公司)

法律顧問　陳思成律師

印　　刷　上好印刷股份有限公司　TEL：(04)2315-0280
裝　　訂　大和精緻製訂股份有限公司　TEL：(04)2311-0221

十 一 版　西元2023年07月01日
定　　價　380元
(本書如有破損或缺頁，退換書請寄至：
台中市西屯區工業30路1號　太雅出版倉儲部收)

ISBN　978-986-336-450-4
Published by TAIYA Publishing Co.,Ltd.
Printed in Taiwan

作者序

活在當下，勇敢出發

天翻地覆的疫情就要過去了，夜裡望著牆上的世界地圖，勾起了年輕時坐在咖啡廳夢想追逐世界的往事，我知道藍衣女孩不會再回來了，但她未完的夢激勵著我，因為人生不想再有遺憾！

地點是在忠孝東路的一處咖啡廳，兩個年輕女生嘰嘰喳喳的，還好聲音沒有被咖啡廳的背景音樂淹沒，桌上放著一杯咖啡和一杯茶，一張大大的世界地圖攤在桌上，桌面擁擠到手都只能放在大腿上了。

穿藍衣服的女生說要環遊世界，她的眼神感覺比星星還亮，垂落的長髮幾乎要碰到桌上了，手上拿著一支紅筆，很忙碌地在地圖上比過來比過去。地圖上錯綜複雜如蜘蛛網般的經緯線，也很難阻擋那顆想飛的心，起飛的路線很想是這樣的……，一定要經過歐洲，然後飛到美洲，再繞著回到台灣……，咖啡廳的古典窗櫺流露出戶外綻放的陽光，夢就這樣被風悄悄地偷聽著。

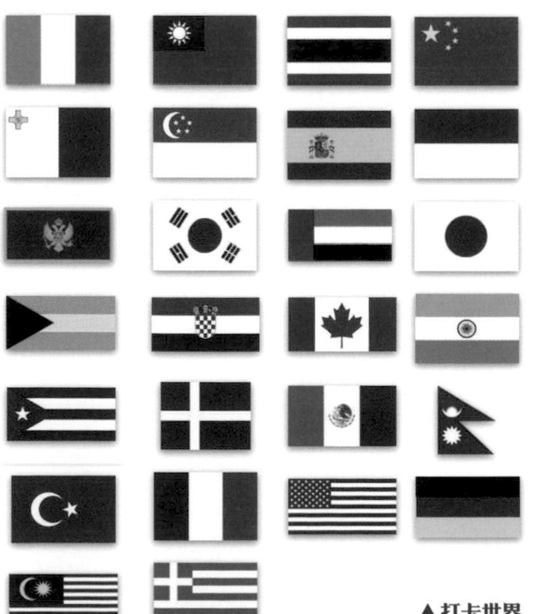

▲打卡世界

對面的白衣女孩則是死盯著地圖上美國的那一塊，好想橫跨大美國喔！想像著坐在加州陽光下大口大口地吃冰淇淋，在草原上與牛仔共舞，在國家公園野營和浣熊搶飯吃，要不爬上自由女神像與她手拿的火炬同高，夢想從美國西岸橫跨到東岸，180天壯遊美國是不是真的很屌？！

兩個年輕的女孩都偏好自助旅行，也曾經是最好的旅伴。第一次結伴旅行她們選擇日本落腳，10天全自助，白衣女孩卻大意扭傷了腳，心急如焚的她就算拿著雨傘當拐杖，也悲觀地怕撐不完剩下的旅程，她急著想買藥，但兩個人語言都不通啊！

藍衣女孩自告奮勇立馬衝進藥房幫忙買藥，一句日文也不會的她，在藥房老闆面前表演一跛一跛的樣子，老闆看了猛點頭表示懂了，她拿了藥飛奔回旅店，才發現原來那是一包「痔瘡藥」！

兩個女孩笑破肚皮也忘了疼痛，更決定要接著玩出不一樣的花樣。每當夜幕低垂，她們開始跟蹤當地日本人，看看他們去了哪間餐廳吃了什麼，這些人吃什麼她們就跟著吃什麼，每一天都是新奇的開始，每一天都有無法預期的發生，她們要裱框自己覺得有意思的風景，體驗那些旅遊書上所沒有的，她們越來越著魔於自助旅行的天馬行空，喜歡自己出發填滿個人的色彩，並勇於前進更美好的未來。

後來，白衣女孩真的實踐了她壯遊美國180天的夢，並在旅程中認識了她生命中的直男，從此定居在舊金山周邊，數年之後，藍衣女孩開始實現她的環遊世界之旅，當行腳到希臘時，她寄出了一張明信片給當時住在舊金山的白衣女孩，明信片上說：期待在舊金山兩人再相逢！

興奮在舊金山等待好友重逢的白衣女孩，這一次並沒有等到藍衣女孩的到來，因為一個新工作的召喚，藍衣女孩還沒來得及完成整個旅程，甚至還沒到舊金山之前，就得匆匆回程了，但是這個未完的夢，一直藏在她的心中，一直期盼著有一天能繼續玩遍世界，但是一等就是無數個寒暑，好多個年頭。

2020年開始，新冠肆虐人心惶惶，全世界變成了一個完全封閉的世界，很多飛翔的夢都變得遙不可及，只能靠著一張張去過城市曾經寄給自己的明信片，來撫慰想念旅行的心。

那一張從信叢中無意掉落下來的希臘明信片，勾起了無數的思念與往事，2021年藍衣女孩永遠地走了，帶走了她一輩子都無法完成環遊世界的夢，人生的遺憾想起來讓人心痛，舊金山等待的重逢永遠也不會成真了，白衣女孩決定要好好地完成這本書，她想用這本疫情後全新再版的書，紀念這段純真的友誼，一起冒險過的青春，一起追過的夢。

謝謝藍衣女孩教會我們的事：人生如此無常，我們應活在當下，勇敢出發！天翻地覆的疫情就要過去了，夜裡望著牆上的世界地圖，勾起了年輕時坐在咖啡廳夢想追逐世界的往事，我知道藍衣女孩不會再回來了，但她未完的夢激勵著我，我想要早早收拾行囊快快出發，因為每一天都是逐夢的開始！每一天都不願再空白浪費，因為人生不想再有遺憾！

僅以此書獻給我的藍衣女孩和疫情期間遠去天堂的父親！

關於作者

陳婉娜

一個無可救藥的自遊控，自助旅行過世界多國，耕字維生，閱讀維生，旅行維生，偏好個性化與隱藏版的次旅行，目前停腳美國西岸，旅居舊金山灣區20年。

曾任：台灣哈潑時尚雜誌總編輯(Harper’s Bazaar Magazine Editor in Chief)、福茂唱片企劃宣傳、星島日報生活版撰述。

出版：《個人旅行舊金山》、《開始到洛杉磯玩遊樂園》、《舊金山太過浪漫》、《喜馬拉雅山腳下的臭襪子》等11本著作。

影音介紹

布萊斯峽谷國家公園（圖片提供／葉能凱）

目錄

LOST IN SPACE

LIBERTY
IN GOD WE TRUST

CALIFORNIA
U S
66

MTA
MetroCard

HOSTELLING
INTERNATIONAL

108 飲食篇

136 購物篇

150 玩樂篇

174 通訊篇

182 應變篇

一生必去的美國18大極樂玩點

TOP 18

大峽谷國家公園 (Grand Canyon National Park)

如果一生中要選擇一個必去的地方，大峽谷絕對是首選之一。被譽為世界7大奇景之一，氣勢磅礴的峽谷地形，隨著不同時空演變出千變萬化的色澤，億萬年以上岩石的蹤跡，谷底奔流不息的科羅拉多河，都讓人讚歎不已。深達1,500公尺的科羅拉多大峽谷，光下到谷底就需要一個多星期，東西走向長約349公里的峽谷地形，最窄是6公里，最寬達25公里，詭譎的變化讓人瞠目結舌大自然的壯麗與偉大。

遊覽區域約略分為南緣與北緣，北緣冬季積雪較厚會關閉，南緣四季開放遊客也較多，西緣則有全世界第一座的空中懸空式觀景廊——天空步道(Grand Canyon Skywalk)，透明的U字形長廊，橋身為厚約10公分的透明玻璃，整座橋身突出崖壁外約20公尺，底下是深達1,000多公尺的科羅拉多河，心臟壯壯的才敢低頭向下望，等於深達兩個101高度的壯麗大峽谷，乖乖臣服於你的腳下。(見P.158)

以上圖片提供／傅興國

紐約之都
(New York City)

不只一個人這麼形容：「紐約不是美國，紐約就是紐約」。悠閒的中央公園、流行奢華的第五大道和時代廣場、充滿藝術氣息的蘇活區、個性化餐廳、夜店和精緻小店的雀爾喜區等，有趣的事物總在紐約發生。

具有歷史意義的自由女神像位在曼哈頓西方的自由島上，已經是美國的象徵，帝國大廈被譽爲全世界最美的夜景之一，蓋在世貿原址上的911紀念館(9/11 Memorial)是一段沉痛的歷史，時代廣場(Times Square)新年落下的大蘋果影像彷如昨日，第五大道上名牌雲集衣香鬢影，世界頂尖大廚到此摩拳擦掌，紐約呀紐約！是全世界的精華縮影，不走過這兒，你又怎能體會到美國的繁華與偉大。

以上圖片提供 / Allen Yeh、Kae Yeh、鄭琬瑩

黃石國家公園
(Yellowstone National Park)

溫泉、地熱、峽谷、瀑布、湖、化石森林等天然奇景，構成了世界第一座的國家公園，老忠實噴泉、巨象溫泉、黃石湖、黃石大峽谷等都是必遊之地，四季都有令人屏息的壯觀景色和罕見的野生動物。

美洲原住民據說在這裡居住了一萬年以上，光是在這裡發現的考古遺跡就多達一千處，這裡也同時是許多絕種生物的棲息地，豐富的地質表現，不經意就撞見的野生動物，開在森林裡稀有的花朵，絕對能讓你有置身世外桃源的錯覺，爲了保護這個天然的大寶藏，美國提議要暫時關閉這裡已經有好多年了，許多人趕在有生之年趕快來見識一下，就怕哪一年眞的關閉了，這一輩子恐怕要等好久才能再見到。(見P.159)

以上圖片提供 / NPS photo

TOP 4

舊金山
(San Francisco)

不管你選擇在鄰近的黃金點遠眺這座大橋，讓它成爲你的背景，或是你想租輛腳踏車橫越它，回程再搭渡輪欣賞舊金山灣的景色，都有不同的感受。約有70年歷史的金門大橋是舊金山的標誌，在霧中若隱若現的姿態，成爲全世界最美的建築奇蹟。

美國最浪漫的海灣城市，叮噹車在綿延的山丘上穿梭著，熱絡繁忙的漁人碼頭，海鮮餐廳處處可見，街頭藝人更增添了街頭的活潑氣氛，湛藍的海灣綿延到天邊，卡斯楚街區象徵同志文化的彩紅旗隨風飄揚，沒有坐過這裡的露天咖啡座，又怎能領略到加州陽光的明豔與美麗。

TOP 5

阿拉斯加
(Alaska)

零下40度是什麼樣的滋味？在一片白雪靄靄寂靜的銀色世界，聽見冰河上冰川崩落的聲音，不知道自己在看見極光時，會不會喜極而泣？還有跟著愛斯基摩人去釣冰，是不是眞的會釣上一條魚來，因爲這裡永遠和我們居住的城市截然不同，有人說這裡是人間最後的一塊淨土，永遠會帶給你此生最難忘的回憶。1912年這裡正式成爲美國的版圖之一，由於地廣人稀，飛機和遊輪是最主要的連接交通工具，安克拉治(Anchorage)是主要的飛機轉運站，朱諾(Juneau)則是首府與繁忙的豪華遊輪停靠港。

以上圖片提供 / Soon Lee Kang

TOP 6

優勝美地國家公園

(Yosemite National Park)

沒有在美國國家公園健走過，就不算來過美國，特別是你在這裡健走過後，就一定會有這樣的感觸。優勝美地若沒有兩把刷子，怎會入選爲世界遺產之一，每年超過370萬的遊客，就是這裡值得一遊最好的說明。

這裡95%的區域爲原生地域(Wilderness)，萬年冰川雕刻出的峽谷上頭掛滿了瀑布，恐龍時代留下的紅木林，綠色的青山掛著彩虹，空氣無比清新，林間不時探頭的野生動物，帶給人無比的驚喜，難怪蘋果電腦在2014年選擇以它的名字作爲新作業系統的名稱(OS X Yosemite)，因爲在美國人的心目中，它具有特殊的價値與意義。(見P.159)

以上圖片提供 / 蔡文

TOP 7

紐奧良

(New Orleans)

大文豪馬克吐溫曾說：「紐奧良的美食好吃到像是種犯罪！(New Orleans is as delicious as the less criminal forms of sin !)」，肥美大生蠔，特產小螯蝦(Crawfish)、靈魂食物髒飯(Dirty Rice)、和南方特色的秋葵濃湯Gumbo，深受法國移民影響的Cajun與Creole菜式大放異彩，難怪這裡與紐約、舊金山並列爲美國3大美食之都。

由於法國與西班牙的殖民歷史，孕育了它獨特的血統，這裡是美國最富有異國情調的城市，也是美國南方輸入黑奴的大港口，尤其是爵士樂的誕生地。全美最大的嘉年華會Mardi Gras每年在這兒如期舉行，百年爵士樂餐廳等於是一部活生生的爵士發展史，紐奧良就是紐奧良，血統獨一無二，無人能出其右。

以上圖片提供 / 謝岱玲

8 TOP

夏威夷海灘與火山
(Hawaii)

雖然日本人持續的觀光熱潮，讓夏威夷的物價居高不下，但也因此讓夏威夷的熱帶島嶼風光，多了點時髦的味道。當地無論何時都充滿了熱鬧的節慶活動，一望無際的白沙海灘上，各式的海上運動頻繁，是享受悠閒假期的好地方。

是美國唯一一個全部位在熱帶的州，由19個島嶼與珊瑚礁所組成，難忘在恐龍灣浮淺被熱帶魚群包圍的喜悅，珍珠港重溫二次世界大戰的歷史，大島探訪黑色火山口遺跡，這裡是世界最美麗的島嶼之一，無論浮潛、衝浪、游泳，陽光、沙灘、草裙舞……是全世界最浪漫的蜜月勝地。

以上圖片提供／Soon Lee Kang

9 TOP

新英格蘭的秋天
(New England in Fall)

要看全世界最美的秋天，就要到新英格蘭去！新英格蘭是指美國最東北角的6個州，包括康乃狄克(Connecticut)、緬因州(Maine)、麻賽諸賽(Massachusetts)、新罕布夏(New Hampshire)、羅德島(Rhode Island)和佛蒙特州(Vermont)。

秋天時這裡就變成了楓紅的橘色世界，美到只能用人間仙境來形容，絕對不是單一的橘色而已，當楓葉逐漸轉紅落下，看見整座青山，由綠變成橘色、紫色、棕色、再到黃色，有如繽紛的調色盤般，滿山遍野的顏色交錯，像是一幅幅印象派的油畫。每年秋天開始(約9月底)，這裡的氣象預報就會加上賞楓時間，更有許多賞秋的旅行團(Fall Foliage Tour)推出，無論是到緬因州國家公園(Maine Acadia National Park)，走訪波士頓順便吃吃它的大龍蝦，或是駕車遊全美賞楓冠軍公路風景線Kancamagus Highway，都絕對是美到爆的賞楓之旅。

以上圖片提供／鄭琬瑩

拉斯維加斯
(Las Vegas)

站在巴黎旅店艾菲爾鐵塔的頂端，這邊美麗湖大酒店(**Bellagio**)的水舞，在夜空中開出了一朵朵白色的水花，那邊金殿大酒店(**The Mirage**)的人工火山響徹雲霄，想像著紐約紐約酒店(**New York New York**)乘坐雲霄飛車呼嘯而去的人群尖叫聲，金字塔大酒店(**Luxor**)射出的雷射光束貫徹雲霄……如今的拉斯維加斯，各式的主題飯店各有擅長，每座飯店都有著不同的號召與噱頭，在這裡，光是逛飯店就會讓人逛到眼花撩亂。

無法相信這是一座在沙漠中蓋起來的浮華城市，也是全世界最金碧輝煌永不打烊的不夜城，最棒的美食，最精彩的表演秀，絡繹不絕的賭客，叮叮噹噹不絕的吃角子老虎機中獎聲，全世界最精彩的大型成人遊樂場，就在拉斯維加斯。

邁阿密海灘
(Miami Beach)

這裡絕對不是只有比基尼模特兒、時尚雜誌攝影師或設計師，甚至是退休人士的天堂，走過了它潔淨的海灘，碧海藍天的好天氣，那種中南美洲奔放的熱帶氣息，沿岸**Art Deco**的建築物，道路兩旁高聳的椰子樹輕搖，就連呼吸都覺得無比輕鬆。

這裡就是美國東南方最美的一個城市——邁阿密(**Miami**)，想探險的就往大沼澤國家公園(**Everglades National Park**)，一路探險野生鱷魚的蹤跡，要不然就往南一路到美國最南端的**Key West**，拜訪海明威的故居，這裡的小哈瓦那區(**Little Havana**)充滿異國拉丁美洲的情緒，要不然就是慵懶地待在白色的邁阿密沙灘，看看一排排做日光浴的俊男美女，盡享悠閒什麼也不做。

洛杉磯
(Los Angeles)

加州的第一大城，是美國僅次於紐約的第二大城，更是世界電影首屈一指的夢工廠。

運氣好的也許在路上就能遇到大明星，要不然就到好萊塢大道(Hollywood Blvd)上的中國戲院(Grauman Chinese Theater)去追星，中國戲院前有許多世界超級巨星留下的簽名和手印的石板塊，像是成龍、李小龍與好萊塢許多的大明星等，握不到手的就來個間接牽手，對面的柯達戲院(Kodak Theatre)則是每年奧斯卡金像獎的舉辦地。

比佛利山(Beverly Hills)上豪宅、名店齊聚，著名大道Rodec Drive集豪奢於一身，兩旁服飾、珠寶名牌旗艦店林立，名店百貨Barney's New York、Saks Fifth Avenue也在周圍，這裡也是遇到好萊塢大明星機率最高的地方。

許多遊客都是衝著迪士尼樂園(Disneyland)和環球影城而來，當地人則喜歡到Santa Monica的海灘度假，或是到蓋地美術中心(Getty Center)一窺藝術與大自然結合的殿堂。

納帕酒鄉
(Napa)

望著一望無際的綠色葡萄園，享受著和煦的加州陽光，在山林擁抱的露天品酒區，將人間極品的上好葡萄酒一口飲盡。你可以乘坐火車疾馳在葡萄園中暢飲，也可以悠哉地騎著單車漫無目的地在田野亂逛，膽子更大的這裡還有熱氣球可搭，讓你登高一呼鳥瞰整個酒莊全景。

根據統計，美國90%的葡萄酒就是生產在加州，而其中一半的葡萄園，就是位在舊金山以北的納帕(Napa)和索挪瑪(Sonoma)，那裡有上百家各具特色的酒莊，葡萄園綿延數里，各式各樣上好的紅、白葡萄酒任你品選，酒莊纏綿的田野風光，實在是我們在台灣看不到的美麗景象。

以上圖片提供 / 蔡文

總統巨石國家紀念區
(Mt. Rushmore National Memorial)

位於南達科他州舉世聞名的總統巨石像，可謂世界奇觀之一，這是波格崙父子(Mr. Borglum)在若虛莫山(Mt. Rushmore)，所留下來的曠世雕塑。4位總統雕像分別爲美國國父華盛頓、獨立宣言起草者傑弗遜、老羅斯福總統和黑人之父林肯總統，4位美國總統寫下了美國輝煌的歷史，這座雕像因雕塑者去世，也只雕到了頭部，成爲美國的絕世景觀之一。

芝加哥建築、音樂群像
(Chicago)

位於美國中西部的芝加哥，是美國最重要東、西兩岸交會的交通樞紐，也是充滿藍調音樂的大都會，這裡是藍調音樂的誕生地。到處都是世界知名的摩天大樓的它，以摩天大樓的建築群像而著稱，當地還有許多著名的博物館、美術館，密西根湖周圍更爲城市帶來悠閒的氣息。晚間登上游湖船可以一覽芝加哥夜景，或選擇藍調酒吧欣賞音樂，都是人生一種難得的體驗。

矽谷傳奇 (Silicon Valley)

這裡永遠走在時代的尖端，有如古典時代的雅典、文藝復興時期的義大利一般，這裡是世界高科技的重鎮，也是21世紀科學文明的核心。

這裡聚集著來自世界各個角落最優秀的科學家、最頂尖的工程師、最有野心的企業家，這裡擁有世界上最頂尖的電腦公司，櫛比鱗次的高科技產業，幾乎都是日常生活中耳熟能詳的品牌，從Apple、Google、Facebook、Oracle、HP、eBay、Intel、Cisco、Adobe……他們聚集在這裡，締造了領先世界的產物，也改造了全人類的生活。

位於美國加州、世界知名的矽谷(Silicon Valley)，它包括了舊金山南部的灣區，Santa Clara縣甚至到Fremont市等等，而聖荷西(San Jose)則是它發展的中心。

幾乎全球知名的電腦公司都集中在這兒，其中包括發明惠普(HP)第一台電腦的車庫，蘋果電腦創辦人Steve Jobs的故居、也是第一台蘋果電腦的誕生地，位於矽谷山景城(Mountain View)的電腦歷史博物館(Computer History Museum)，是一個非常値得參觀的目標，不遠處的史丹佛大學，則是孕育高科技人才的搖籃，在欣賞美國壯麗山水之外，這裡是看見科技大美國的角落。

迪士尼樂園 (Disneyland and Walt Disney World Resort)

一生中一定要有一天和米老鼠共進早餐，歡樂的童話世界，只有在華特迪士尼的世界留住童心，永遠拒絕長大。位於美國佛羅里達州Orlando的華特迪士尼世界度假村(Walt Disney World Resort)，是全世界最大的迪士尼樂園，園區遼闊，面積約為曼哈頓的2倍，甚至比香港島還大，可以讓你玩上7天。位於加州的迪士尼樂園(Disneyland)則是世界上第一座迪士尼樂園，奔向世界最歡樂的角落，當屬迪士尼樂園為首選。

尼加拉瓜大瀑布 (Niagara Falls)

位於東北角與加拿大交接的尼加拉瓜大瀑布，是世界第一大瀑布，你可以乘坐「霧中少女號」在船上穿越瀑布，領略世界最雄偉瀑布的壯觀與美名。

Check List !!

暢遊大美國不可錯過的50件事

遊遍大美國不再只是夢，這裡有你最佳的旅遊藍圖，有做過就勾一勾，暢遊美國最精彩的50件事，開心完成你的美國夢。

- ☐ 在夏威夷恐龍灣與魚群浮潛
- ☐ 坐蒸氣火車逛加州紅木森林
- ☐ 在奧蘭多迪士尼世界度假村與米老鼠共進早餐
- ☐ 在奧蘭多環球影城玩哈利波特魔法世界
- ☐ 在黃石國家公園森林健走
- ☐ 在拉斯維加斯拉吃角子老虎機
- ☐ 到波士頓吃龍蝦大餐
- ☐ 波士頓自由步道印證美國歷史
- ☐ Cape Cod Bay 的 Province Town 尋找當年五月花號的停泊處
- ☐ 紐約看一場百老匯歌劇
- ☐ 爬紐約自由女神像登頂
- ☐ 紐約帝國大廈賞夜景
- ☐ 紐約 9/11 紀念館前沈思
- ☐ 洛基山脈滑雪
- ☐ 開車遊 66 號高速公路
- ☐ 大峽谷天空步道俯瞰偉大的峽谷美景
- ☐ 舊金山乘叮噹車
- ☐ 舊金山坐坐同志酒吧
- ☐ 舊金山漁人碼頭聽海狗叫聲
- ☐ 阿拉斯加坐狗拉雪橇賞冰河極光
- ☐ 阿拉斯加冰川灣國家公園看冰山融化崩落的震撼
- ☐ 欣賞尼加拉瓜大瀑布
- ☐ 新英格蘭秋天賞楓
- ☐ 參加 Austin 全世界最棒的音樂節慶 South by southwest
- ☐ 在 Napa 酒鄉騎腳踏車逛葡萄園
- ☐ Napa 酒鄉品上好葡萄酒
- ☐ 優勝美地國家公園露營
- ☐ 大沼澤國家公園乘渦輪船湖心找鱷魚
- ☐ 邁阿密海灘游泳做日光浴
- ☐ 乘渡輪到 Key West 尋找海明威
- ☐ 洛杉磯比佛利山莊 / Santa Monica 逛街購物
- ☐ 到芝加哥欣賞建築群像
- ☐ 鹽湖城欣賞總統巨石像
- ☐ 紐奧良聽一場爵士樂演唱
- ☐ 參加紐奧良 Mardi Gras 大遊行
- ☐ Santa Fe 土牆城的西班牙迷人風光
- ☐ 死亡谷 Death Valley 沙漠日落
- ☐ 西雅圖第一家星巴克喝咖啡
- ☐ 西雅圖看鮭魚逆流而上
- ☐ 華盛頓 DC 逛遍史密斯森尼中心的 19 個大型博物館
- ☐ 華盛頓 DC 走訪 National Mall
- ☐ 美國建築大師 Frank Lloyd Wright 代表作 - 賓州落水山莊
- ☐ 逛南方浪漫小鎮 Savannaha
- ☐ 聖地牙哥逛遍 SeaWorld、樂高主題樂園
- ☐ 1 號高速公路欣賞 Big Sur 美國最美的海岸風光
- ☐ 看一場 NBA 籃球比賽
- ☐ Memphis 城拜訪貓王故居 Graceland
- ☐ 拜訪鄉村音樂的故鄉 Nashville

遊美必學5大APP

手機滑一滑，速變美國通

聰明的觀光客，就要學會如何做個道地的美國通。舉凡吃飯、叫車、購物……等生活瑣事，手機滑一滑就可以輕鬆搞定，學會使用老美生活中最夯的APP，搭上老美生活省錢省力的撇步！

Uber

搭計程車又貴又落伍，快學會用 Uber 叫車。

美國幅員廣大，大眾交通系統未必發達，對於不會開車的觀光客來說，搭計程車又太貴，還好近幾年，全美Uber、Lyft等素人叫車非常盛行，省錢又方便。

建議Uber和Lyft兩個APP都下載，因為有時同樣的上下車地點，價錢會不同，就可以選擇價格較低的。此外，需確定到美國之後手機有網路，且需有美國的手機號碼，因為叫車時需輸入簡訊驗證碼，且必須綁定信用卡才能使用。

輸入上車及下車地點

照著指示輸入資料註冊(Sign In)之後，會自動顯示你的所在位置，如果位置正確，就可輸入你的上車地點(Pick up location)及目的地(Where to / Destination)。

輸入目的地，或直接拖拉地圖點選。如果上車地點不是你現在的位置(Current Location)，則手動輸入要上車的地點即可。

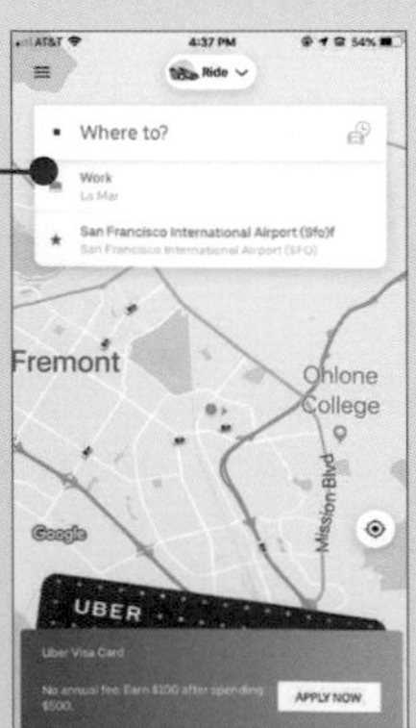

2 Step 選擇車種

不同車種有不同收費，最多人選的是UberX或LyftLyft，選擇後按下確認鍵(Confirm)即可 。

往左滑動會有更多車種可選擇，下方有顯示價錢，以及車輛到達你上車地點的預估時間。

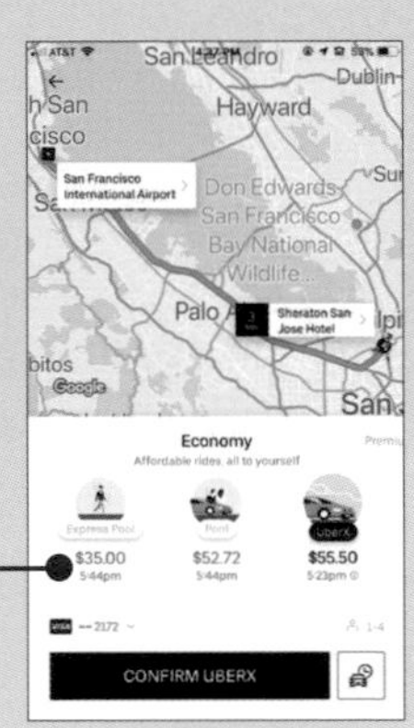

Uber	Lyft	說明
Uber Pool	Lyft Line	與人共乘，價格最低，但有時會繞一點路
Uber X	Lyft Lyft	一般轎車，最多可坐4人
Uber XL	Lyft Plus	一般轎車，最多可坐6人
Uber Select	Lyft Premier	高級轎車，最多可坐4人
Uber Black	Lyft Lux	更高級轎車(如賓士、保時捷)，最多可坐4人，優良駕駛
Uber SUV	Lyft Suv	更高級轎車(如賓士、保時捷)，最多可坐6人，優良駕駛

準備上車

若Uber或Lyft聯繫上駕駛員時，頁面上會出現駕駛員到達你上車地點的時間。

下車付費

下車時，費用會直接從綁定的信用卡付款，最後會出現司機小費的選項，選擇後，也是一併從綁定的信用卡扣款。

行家祕技 預約搭車

除了即時叫車，Uber和Lyft也有預約叫車(Scheduled Rides)的功能，找到頁面上的預約按鈕(Schedule)，可選擇預約日期及時間。預約時間可長至30天，但需注意：預約後不一定有車，筆者曾發生預約隔日叫車，卻沒有車來的情形，所以當日要多留意APP上面「Trips＞Upcoming」的動態。

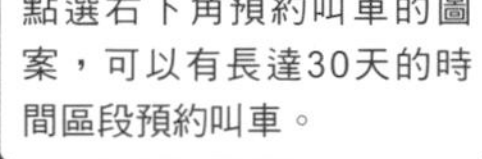
點選右下角預約叫車的圖案，可以有長達30天的時間區段預約叫車。

貼心小提醒

Lyft不會顯示中文介面

只要將手機的語言設定為「繁體中文」，Uber就會自動顯示中文介面，非常方便。 而Lyft即使在手機設定處更改語言為中文，也不會顯示中文介面，但使用方法與Uber大同小異，若要預約叫車則點選Schedule。

Yelp

熱搜當地熱門餐廳，秒懂人氣王 Yelp。

在美國，Yelp任一間餐廳的顧客評價可達上千人，可信度非常高。Yelp以你當下的位置(Current Location)或不同的地點，熱搜附近的熱門餐廳、咖啡廳或酒吧，五顆星是最高評價，通常超過四顆星、有超過300人評價肯定的店家，水準一定不會太差。仔細瀏覽顧客評價，還可發現隱藏版的招牌菜，以及需要避開的地雷菜。

每家店都有詳盡的資訊，包括地址、電話、營業時間、價格區間、地圖導航、服裝要求、停車場、Wi-Fi、輪椅通道、可否聚餐，以及可否使用信用卡等，甚至有些還可利用Yelp訂位，這對初到寶地的觀光客來說，簡直是超級神助 。

搜尋店家

輸入想要搜尋的項目，如餐廳名稱，或直接打上「餐廳」或「咖啡廳」，就會以你指定的位置搜尋附近商家。

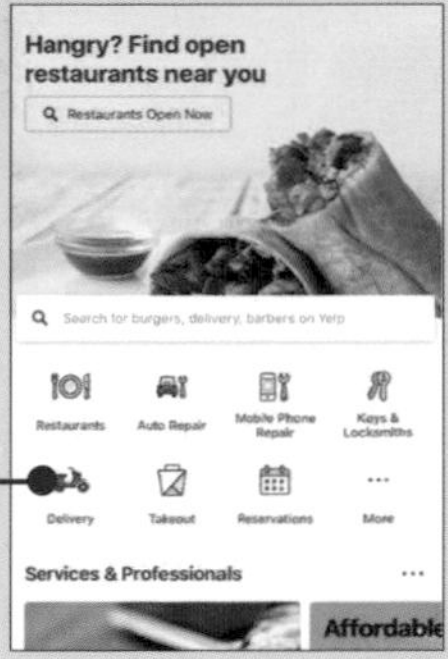

囊括各式各樣的商店與服務，包括餐廳、汽車修理、手機修理、外送、外帶、餐廳預訂等。

瀏覽資訊與服務

A.店家名稱 / B.星數及評論數 / C.消費區間及餐點類型 / D.營業時間(33分鐘後結束營業)

給予評價與回饋

用餐後可以上傳個人經驗與評分。

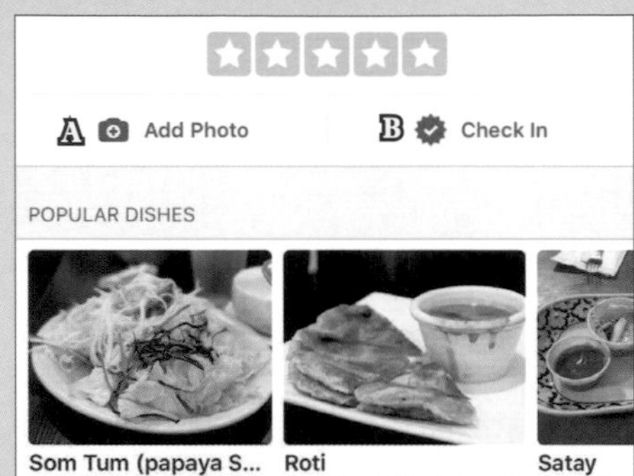

A.上傳你拍攝的照片(Add Photo)
B.打卡(Check In)

行家祕技 更多旅美好用APP

翻譯：Google Translate

算小費：Tip Calculator % Gold

查匯率：Currency

單位換算：Unit Converter

找折扣：北美省錢快報 DealMoon

找網路：WiFi Around

看天氣：The Weather Channel

生活快報：咕嚕美國通 Guruin

RetailMeNot

買東西找折扣，點 RetailMeNot 就對了！

購物前先找Coupon，絕對是老美生活的寫照之一，畢竟能省則省，觀光客若不想當冤大頭，那絕對要跟著識途老馬，到RetailMeNot App上逛一逛。

RetailMeNot幾乎網羅了全美有名的商家，提供最新的折扣訊息，只要輸入店家名稱，就能立即找到折扣，折扣有分「In-Store(店內使用)」和「Online(網路使用)」兩種，In-Store Coupon會顯示條碼，在店內購物結帳時，用手機秀出條碼，店員刷條碼就能立刻省錢；Online Coupon則是一組號碼，在網路上購物時，輸入這組號碼，立刻減價撈到便宜。

搜尋店家

可以以商店名稱、品牌名稱和商品種類來搜尋。

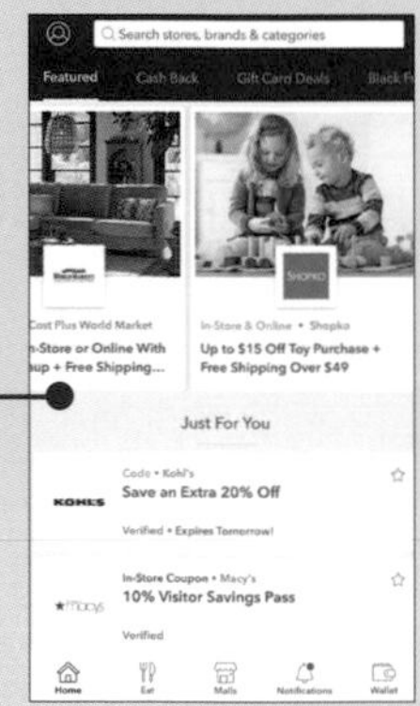

首頁有最新的商家折扣訊息。

折扣資訊

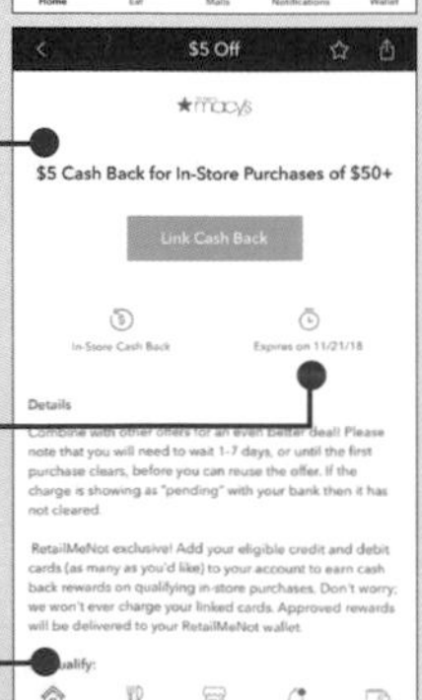

店家優惠資訊(店內購物滿50元送5元)。

優惠截止日。

同時還可以搜尋鄰近的餐廳(Eat)、百貨公司(Malls) 等訊息。

Opentable 熱門餐廳先訂位，Opentable 好幫手！

美國的熱門餐廳往往需要1個月前訂位，但打電話訂位需要說英文，怕說英文的人怎麼辦呢？沒關係，這個美國熱門的餐廳訂位APP就是你的好幫手，行前人還未到旅行地，就能把位子訂好，實在是搶訂當地熱門餐廳的一級神助。

輸入資料

輸入訂位人數，用餐區域，或直接用餐廳名稱搜尋。

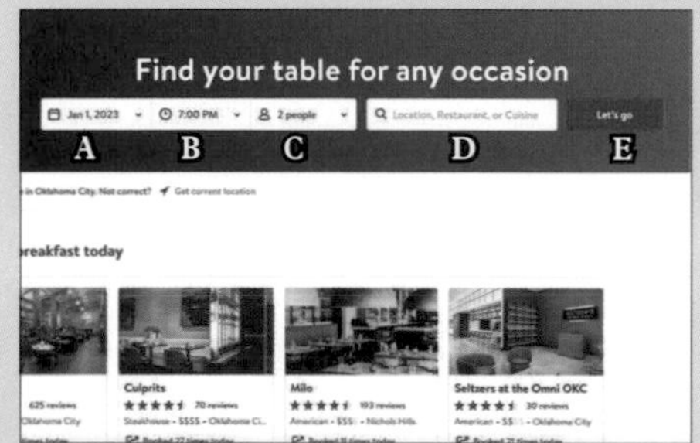

A.日期 / B.時間 / C.人數 / D.搜尋關鍵字：地點、餐廳名稱、菜色種類 / E.開始搜尋

選擇訂位時間

選擇想要的訂位時間。若註冊成為Open table的免費會員，之後每次訂位可以累積點數，不想註冊會員者，可用continue without points登入，輸入相關資料即可。

A.選擇訂位時間 / B.用餐方式：外送、外帶 / C.用餐體驗：特殊菜單、歡樂時光 / D.選擇座位：吧台、櫃檯、標準、高椅、室外用餐

Ticketmaster 買票超簡單，Ticketmaster 上手小心機。

想在旅程中看場球賽、音樂會、藝術表演或歌劇嗎？再也不用苦苦排隊等買票，快下載Ticketmaster，不但有全美國各大城市熱門各式表演活動、體育活動的介紹，還能直接線上購票，雖然需要多付一點服務費，但實在省時又省力！

輸入城市

先輸入你要搜尋的城市，頁面就會出現目前這個城市的熱門藝文或體育活動，點選你的喜愛，然後選擇你要購買的日期及場次。

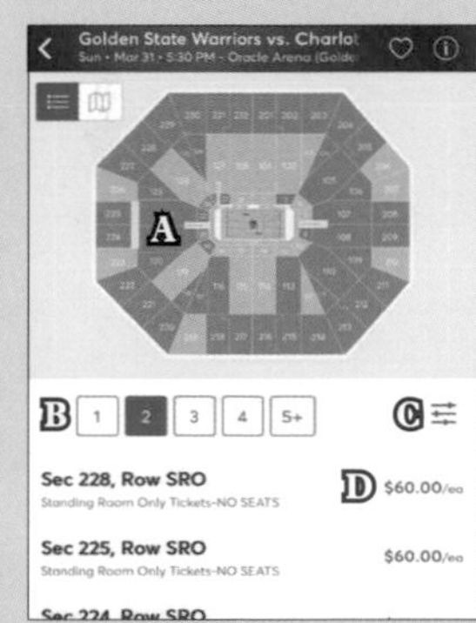

A.現場座位圖，淺藍色區為可選位 / B.選擇座位等級，數字越大表示價格越貴 / C.篩選功能(Filter)，可依購票人數、票價區間，甚至是否需要殘障座位等項目進一步篩選 / D.票價(每張)

開始買票

依據你的票價選擇座位及購買票數，接著點選「登入(Sign In)」購票，若從未註冊過，則點選下方「New to Ticketmaster? Sign Up」，輸入資料即可。

貼心小提醒

少數餐廳有訂位取消費

少數熱門餐廳，若訂位後沒有出現，會從信用卡收取「取消費(Late Cancellation fee)」，通常是美金$20～25，雖然大部分的餐廳都無此要求，仍需留意各餐廳的規定，一般在24小時前來電或上網取消，就不會收費。

圖片提供／ NPS photo by Neal Herbert

美國，是個什麼樣的國家？

大家對美國想必不陌生，這個單元從地理、氣候、人口、時差、電壓、航程、幣值、語言各方面讓你更深入了解美利堅合眾國。

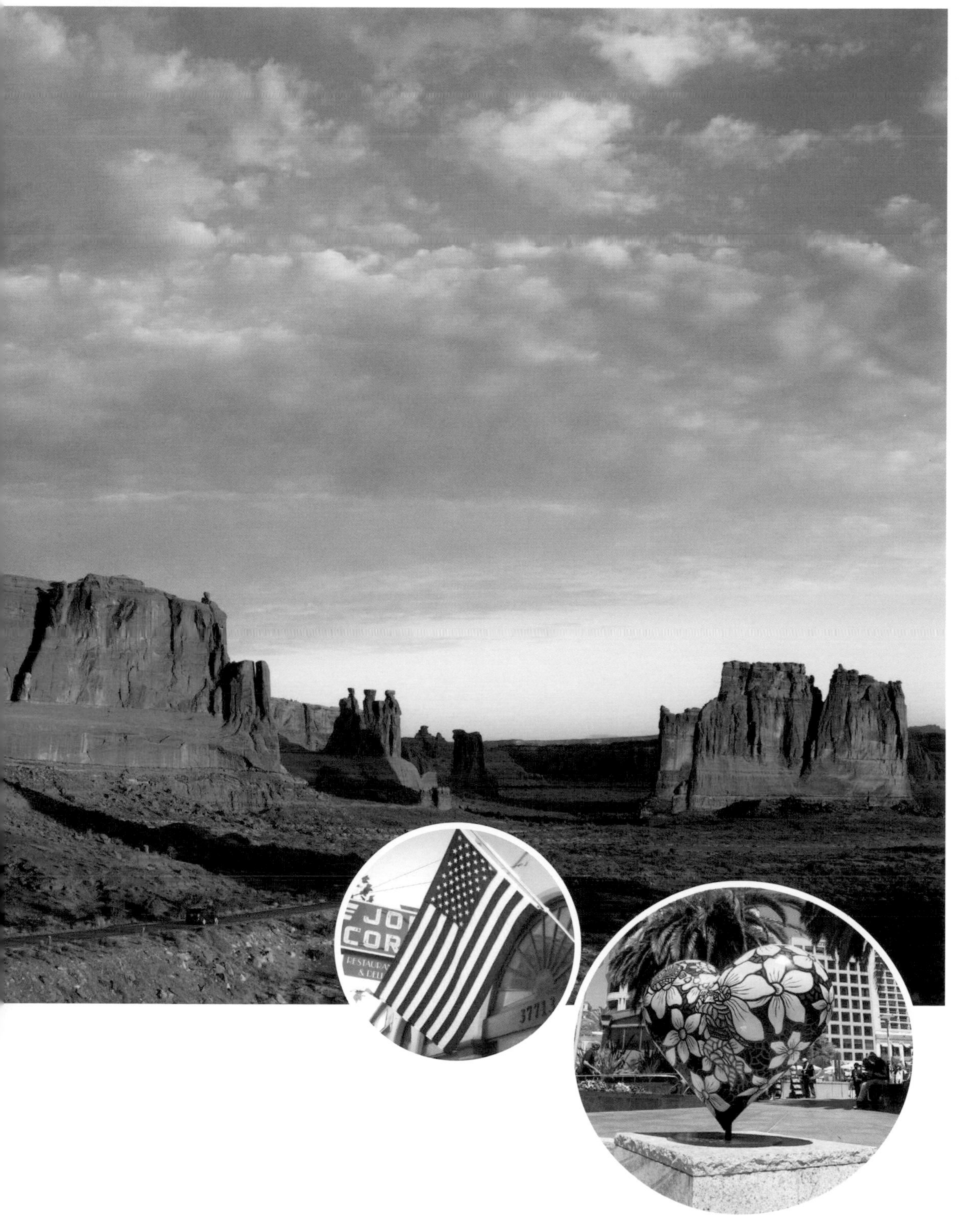

美國小檔案

美國小檔案 01

地理｜地大物博，東西兩岸大不同：當地特色菜或農作特產，記得嘗鮮喔！

美國西部

西岸有洛磯山脈(Rocky Mountains)屏障，雖然開發較晚，卻進步驚人，因為多變的地形，造就了豐富的自然景觀和美麗的國家公園，西岸的紅樹林(Red Wood)，更是恐龍時代就留有的古老植物。代表城市：洛杉磯、舊金山、西雅圖。

美國位於北美洲的南部，東臨大西洋、西瀕太平洋、北接加拿大、南靠墨西哥及墨西哥灣，總面積爲9,518,287平方公里，爲世界第三大國家。

美國離島

美國離島多發展為觀光勝地，由於環海的優美景觀及不同的人文特色，而成為最熱門的度假勝地。代表地區：阿拉斯加、夏威夷、關島。

◎溫哥華
西雅圖
◎華盛頓州
Washington (WA)
Apples、Salmon
蒙大拿州
Montana (MT)
Huckleberries
俄勒岡州
Oregon (OR)
Dungeness Crab
Pinot Noirs
Riesling
阿拉斯加州
Alaska (AK)
◎安克拉治
愛達荷州
Idaho (ID)
◎黃石國家公園
懷俄明州
Wyoming (WY)
內華達州
Nevada (NV)
◎鹽湖城
猶他州
Utah (UT)
Fry Sauce
◎布萊斯峽谷
◎丹佛
科羅拉多州
Colorado (CO)
◎舊金山
Cioppino
Sourdough Bread
California Cuisine
Fortune Cookie
Hangtown Fry
◎拉斯維加斯
加利福尼亞州
California (CA)
◎洛杉磯
California Sushi
◎聖地牙哥
Fish Tacos
亞利桑那州
Arizona (AZ)
Sonoran Enchiladas
Indian Fry Bread
新墨西哥州
New Mexico (NM)
Sopapillas
Chili Stew
太平洋
◎檀香山
夏威夷州
Hawaii (HI)

美國地圖

地圖繪製／許志忠
大峽谷、阿拉斯加圖片提供／江順利

◎城市
◎景點
當地美食特產

美國中部

美國中部是牛仔的故鄉，無論是中西部的大平原，或是西南部的沙漠，多為地廣人稀的地區，但物產豐富，為美國的大穀倉。代表城市：丹佛。

東部

東邊有阿帕拉契山脈(Appalachians)以及密西西比河(Mississippi)，密西西比河全長6,020公里，是世界第三大河，密西西比河三角洲，則是世界最大的三角洲。瀕臨東邊大西洋沿岸的城市，為美國文化的起源地。代表城市：紐約、費城、波士頓、華盛頓D.C.。

加拿大

蒙特婁

多倫多

北達科他州
North Dakota
(ND)

明尼蘇達州
Minnesota
(MN)

南達科他州
South Dakota
(SD)

威斯康辛州
Wisconsin (WI)
American Ginseng

密西根州
Michigan (MI)
Coney Island Hot Dogs

緬因州
Maine (ME)
Clam Chowder
Blueberry Pie
Cranberry

紐約州
New York (NY)
Maple Syrup

波士頓
Lobster Rolls

紐約
Pastrami、Bagels

內布拉斯加州
Nebraska
(NE) Reuben Sandwich

愛荷華州
Iowa (IA)

芝加哥
Steak
Hot Dogs
Deep-Dish Pizza

賓夕法尼亞州
Pennsylvania
(PA)

費城
Philly Cheese Steaks

俄亥俄州
Ohio (OH)
Cincinati Chili
Chili Four-Way

印第安納州
Indiana
(IN)
Sugar Cream Pie

華盛頓特區
Crab Cakes

伊利諾州
Illionis
(IL)

大西洋

堪薩斯州
Kansas (KS)
Barbecue

密蘇里州
Missouri (MO)
Mayfair Salad Dressing

肯塔基州
Kentucky (KY)
Country Ham

維吉尼亞州
Virginia (VA)

北卡羅來那州
North Carolina (NC)

田納西州
Tennessee (TN)

奧克拉荷馬州
Oklahoma (OK)

阿肯色州
Arkansas
(AR)

南卡羅來那州
South Carolina
(SC) Barbecue

密西西比州
Mississippi
(MS)

阿拉巴馬州
Alabama
(AL)

喬治亞州
Georgia
(GA)

德克薩斯州
Texas (TX)
Barbecue、Steak
Chicken-Fried

路易斯安那州
Louisiana (LA)
Beignets
Bread Pudding
Etouffee

紐奧良
Cajun food、Crawfish
Gumbo、Grits

休斯頓

佛羅里達州
Florida (FL)
Cuban Sandwiches

墨西哥灣

邁阿密

1. 西維吉尼亞州
   West Virginia (WV)
   Cheeses
2. 佛蒙特州
   Vermont (VT)
3. 新罕布夏州
   New Hampshire (NH)
4. 麻薩諸塞州
   Massachusetts (MA)
5. 康乃狄克州
   Connecticut (CT)
6. 羅德島州
   Rhode Island (RI)
7. 新澤西州
   New Jersey (NJ)
8. 德拉瓦州
   Delaware (DE)
9. 馬里蘭州
   Maryland (MD)

美國小檔案 02

氣候 | 早晚像洗三溫暖

越往南越熱，越往北越冷，越靠內陸氣候就越極端。東北部及中西部冬天的冰雪期很長，同時的加州卻豔陽高照，但早晚溫差有時會到20度以上！夏天是美國旅遊旺季，但氣候絕不是大問題，進步的美國，幾乎家家都有暖氣或冷氣，接近恆溫的空調，讓你隨時感到舒適宜人（美國城市即時氣候查詢：www.weather.gov）。

溫度換算看這裡

美國的氣溫單位是華氏，而非台灣的攝氏。有了下面的華氏攝氏變身表，不管怎麼變都不怕！

華氏變攝氏(℉→℃)：℃＝(℉-32)×5÷9

攝氏變華氏(℃→℉)：℉＝℃×9÷5+32

熱門旅遊城市氣溫對照表(℃)

城 市	1月	2月	3月	4月	5月	6月	7月	8月	9月	10月	11月	12月
紐 約	0	0.7	5	11	17	22	24	24	20	14	8	2
舊金山	9	10	11	12	14	15	16	17	17	15	12	9
洛杉磯	13	14	14	15	17	18	20	21	21	19	16	13
西雅圖	3	4	6	9	12	15	18	17	15	11	8	5
夏威夷	22	22	23	24	25	25	26	26	26	25	24	23

美國小檔案 03

人口 | 文化大熔爐

去年最新統計總人口數為3億3千多萬人，族裔包括有白人、黑人、印度裔、西班牙裔及亞裔，其中的亞裔移民人口約1千多萬人，約占6%。

美國小檔案 04

航程 | 別忘趁機累積里程

長榮(Eva Air)、華航(China Airlines)、聯合航空(United Airlines)等有飛往舊金山、洛杉磯及紐約的班機。紐約的飛行時間約為17.5小時、舊金山為11個小時、夏威夷為8小時。

行前別忘了參加航空公司的里程優惠計畫，一般可以在各家航空公司網站、機場櫃檯或飛機上免費申請會員卡，就能累積飛行的里程數，換得日後機位升等或獲得免費機票等好處。

美國小檔案 05

時差｜各大時區對對看

美國大陸本土劃分爲4大時區，再外加離島如夏威夷、阿拉斯加及其他屬地等共有多個時區。若與台灣的時間相比，美國各地屬於台灣的前一天，時差爲東部13小時、中部14小時、山岳區15小時、太平洋區16小時，外島夏威夷和阿拉斯加則爲18及17小時。

美國的半數州還採用夏令時間（Daylight Saving）。所謂夏令時間，是指在日出較早的春夏季節，將時鐘撥快1小時，以充分利用陽光節省能源，每年3月中～11月的第一個星期日止，是美國的夏令時間，此時東部與台灣時差12個小時，太平洋區與台灣時差15個小時。

美國某些州是不實施夏令時間的，詳情可上網www.timeanddate.com詳查。

美國小檔案 06

飲水｜紐約、舊金山可生飲

直接從水龍頭出來的水稱爲Tap water，美國直接可生飲Tap water的城市不一，紐約、舊金山的水號稱可生飲，但因各地水質來源不同，各城市自有不同狀況，基本上，還是建議飲用乾淨、有保證的外賣礦泉水較讓人放心。

◀胡佛水壩供應用水，是美國最偉大的水壩工程之一

美國小檔案 07

電壓｜台灣電器可以通用

美國電壓爲120伏特、60Hz，台灣是110伏特、60Hz。基本上，電器可以互相通用，但爲安全起見，避免太長時間使用吹風機或高精密度的電器。

非夏令時差對對看就知道 AM PM

台灣	24	1	2	3	4	5	6	7	8	9	10	11	12	13	14	15	16	17	18	19	20	21	22	23
東部(紐約)	11	12	13	14	15	16	17	18	19	20	21	22	23	24	1	2	3	4	5	6	7	8	9	10
中部(芝加哥)	10	11	12	13	14	15	16	17	18	19	20	21	22	23	24	1	2	3	4	5	6	7	8	9
山區(丹佛)	9	10	11	12	13	14	15	16	17	18	19	20	21	22	23	24	1	2	3	4	5	6	7	8
太平洋區(舊金山、洛杉磯、西雅圖)	8	9	10	11	12	13	14	15	16	17	18	19	20	21	22	23	24	1	2	3	4	5	6	7
阿拉斯加	7	8	9	10	11	12	13	14	15	16	17	18	19	20	21	22	23	24	1	2	3	4	5	6
夏威夷	6	7	8	9	10	11	12	13	14	15	16	17	18	19	20	21	22	23	24	1	2	3	4	5

本表時間為非夏令時間(11月第一個星期日後～3月的第二個星期日前)，若為夏令時間(3月的第二個星期日～11月的第一個星期日)，美國時間應再加1小時。如本表舊金山為8點，夏令時間為9點；紐約是早上4點，夏令時間是早上5點。

美國小檔案 08

幣值 | 5分硬幣比10分的大喔！

1美元($)約爲台幣28～32元上下，即時匯率可上網www.findrate.tw查詢。美國是個塑膠貨幣非常通行的國家，一般人多使用信用卡或個人支票，近年來也流行行動支付和電子支付，很少有美國人荷包裡有超過200元現金的。

- 10分的硬幣比5分的還小，別拿錯了喔！
- 1元、5元、10元、20元紙鈔和25分的硬幣，是最常用到的！
- 買東西時店家如果說「nineteen ninety-nine」，是指$19.99，這是省略的說法，通常不會說正規的「Nineteen dollars and Ninety nine cents」。
- 尚有$2、$500、$1,000、$5,000和$10,000的紙鈔，但較少見；另有50分和1元的硬幣，只有在賭場或郵局的郵票販賣退幣裡看見。

認識美元

1 dollar(美元) = 100 cents(分)

1 quarter = 25 cents(分)

1 dime = 10 cents(分)

1 nickel = 5 cents(分)

1 penny = 1 cent(分)

物價比一比

美國的消費物價一般比台灣高出許多，但食物的分量都比台灣來得多，如果吃速食店漢堡，約$10可打發一餐，中價位餐廳約$20～30，高級餐廳$50～100都有。

- $0.6＝平信郵票一張
- $5～6＝咖啡一杯
- $1.5＝投幣飲料機裡的可樂一罐
- $14＝電影院成人票一張

如何付小費

美國是個小費至上的國家，上餐館要付小費、坐計程車要付小費、旅館服務要小費，甚至理髮也別忘了給小費。

場合	小費（美金）
餐廳	15～20%
酒吧	10～15%
計程車	10～15%
泊車小弟	$2
旅館侍者	每件行李$1～2
旅館房間清潔	每晚$2～5

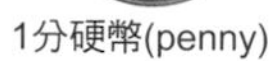
1分硬幣(penny)

5分硬幣(nickel)

10分硬幣(dime)

25分硬幣(quarter)

1元硬幣(dollar)

1元紙鈔(1 dollar)

5元紙鈔(5 dollars)

10元紙鈔(10 dollars)

20元紙鈔(20 dollars)

50元紙鈔(50 dollars)

100元紙鈔(100 dollars)

美國小檔案 09

營業時間 | 銀行不趕3點半

場所	營業時間
酒吧 (Bars)	週日～四17:00～午夜 週五、六至深夜2點
夜店 (Nightclub)	22:00～02:00 週四～六有些州至04:00
銀行 (Banks)	週一～五09:00～17:00 某些週六營業09:00～12:00
百貨公司 (Shopping Mall)	10:00～21:00，週日只至18:00
一般商店 (Stores)	10:00～18:00，週日有些會提早打烊
超級市場 (Supermarkets)	08:00～20:00，少數是24小時營業
郵局 (Post Office)	週一～五09:00～17:00，某些週六早上有營業
藥房 (Drug Store)	09:00～21:00，週日10:00～18:00，少數是24小時營業

美國小檔案 10

單位 | 請你跟我這樣換

美國的單位使用與台灣有許多不同，除了溫度美國使用華氏(Fahrenheit，°F)，台灣使用攝氏(Celsius，°C)外，可上網www.convertworld.com換算，或手機安裝APP軟體「convertworld」使用。

美國	台灣
1磅(pound)	0.45公斤(kilogram)
1吋(inch)	2.54公分(centimeters)
1英里(mile)	1.6公里(kilometers)
1盎司(ounce)	28公克(grams)
1加侖(gallon)	3.8公升(liters)
1華氏(°F)	-17.22攝氏(°C)

美利堅快問快答

快問快答1 爲什麼美國的綽號叫「山姆大叔」？

在1912年美國與英國開戰期間，一位紐約商人名為山姆Sam，他在供應給美軍的牛肉桶上寫著US，表示是美國的財產，US是他的名字「uncle Sam」的縮寫，後來的人因此暱稱美國為「山姆大叔」。

快問快答2 美國生日是哪一天？

1776年7月4日美國宣布獨立，7月4日是它的生日，美國各地有許多煙火慶祝活動。

快問快答3 怎麼看懂美國國旗？

傳說第一面美國星條旗是由貝特西．羅斯(Betsy Ross)在獲得了喬治．華盛頓的親自授權後縫製的。左上角50顆白色小星星代表美國現在的50個州；13道紅白相間的寬條代表美國建國時最早的13個州；紅色代表勇氣，白色是真理，而藍色則是正義。

快問快答4 美國紙鈔上的人物都是誰呢?

美國紙鈔上的人物都是歷史上重要的主角，可和P.36的紙鈔圖片對對看。

1元＝喬治．華盛頓(George Washington)／美國國父

5元＝亞伯拉罕．林肯(Abraham Lincoln)／解放黑奴的美國總統

10元＝亞歷山大．漢米爾頓(Alexander Hamilton)／美國締造者之一

20元＝安德魯．傑克森(Andrew Jackson)／美國第一任民選總統

50元＝尤利西斯．格蘭(Ulysses Grant)／結束美國內戰，成功當選總統

100元＝班傑明．佛蘭克林(Benjamin Franklin)／避雷針發明者，美國政治家、發明家

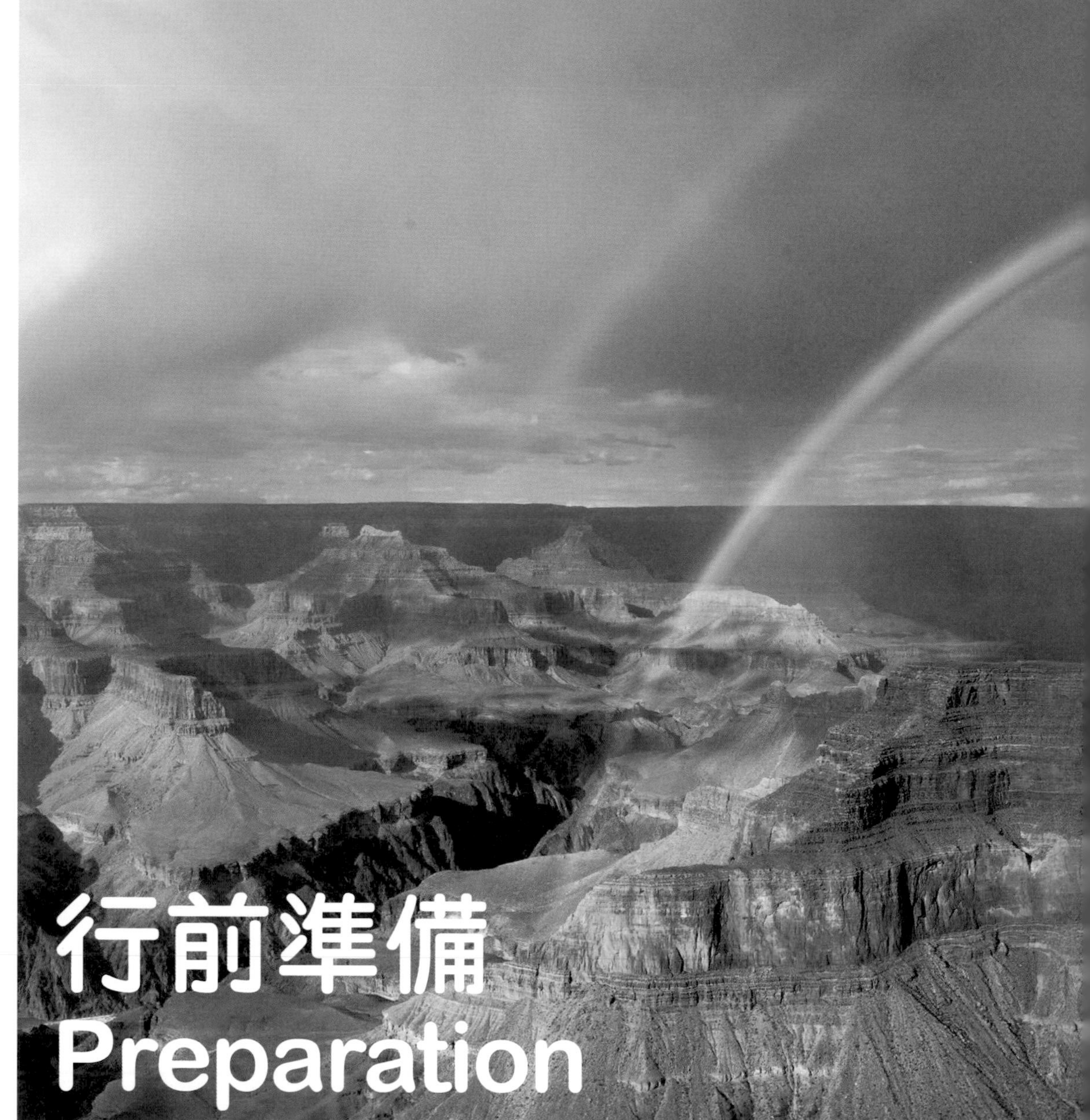

Rainbow from Pima Point (圖片提供 / Grand Canyon NPS)

出發前，要預做哪些準備？

美國這麼大，該如何決定旅遊地點、旅遊時間與天數及旅遊方式呢？別擔心，此單元不但提供最完備的建議，而且還要教你怎麼樣辦證件、準備行李、兌換美金與找好康。

擬定計畫

半年前開始規畫，旅程會更省錢更完善。

決定旅行地點

大眾交通工具越發達的城市，就越適合自助旅行。幅員廣大的美國，許多城市都是以車子代步，除非你選擇租車開車，否則最適合自助旅行的城市，以西岸的舊金山和東岸的紐約為首選。

準備計畫表：準備好了，就打勾勾！

6個月前
□決定旅行地點 □開始閱讀相關資料或旅遊書籍
6個月
□決定旅行方式、旅行天數、尋找旅伴 □留意住宿及機票資訊，美國熱門景點旺季，如大峽谷及迪士尼樂園，通常6個月前住宿就要預訂
3個月
□決定出發日期 □行程規畫大綱確定 □辦理相關證件、簽證或護照 □預訂住宿、機票與各項交通 □超熱門門票預訂，如拉斯維加斯的熱門表演秀「O」
1個月
□行程詳細規畫完成 □熱門餐廳預約 □預約看秀的票 □上網購買熱門景點門票，如舊金山阿卡崔茲島需一個月前就買好，或各式門票 □預約各式相關旅行團
2週前
□機場到旅店交通，及回程到機場的交通預約 □行程規畫最後確認 □購買出國相關用品 □開始打包行李箱，確認各式證件及外幣對換

決定旅行方式

雖是自助旅行，但也可分成3種方式：機票和旅店全部自訂的全自助，機＋酒的半自助，以及參加當地旅行團的當地半自助。

全自助

更深入、更隨興、更貼近當地人的生活，非常具有自主性，且更有挑戰性；但缺點是事前的準備工夫比較多，且費用也比較貴。

機＋酒半自助

機＋酒的自由行套裝行程，除了代訂旅店和機票，有的還代辦護照簽證、機場接送或半日免費的市區觀光，其他時間則是自由活動。美國自由行通常是5天3夜，出發日和回程日自己決定，但一般要在7～10天前預訂。有的自由行要求兩人同行，有的允許加錢延長天數，非常划算；缺點是起飛時間不佳，也無法臨時更改或延後行程。

當地半自助

機票、旅店自己來，再參加當地的旅行團，到郊區做個數天的小旅行，改善了自助旅行沒有交通工具且跑不遠的缺點；但要懂得尋找的門路，且不適合旅程天數太短的人。

決定旅行時間

一般美國的旅遊旺季是在夏季(6～8月)，但此時爲暑假，機票和旅店價錢也最貴，若要好天氣且票價又不貴，舊金山可選擇4、5、9、10月前往；最不適合旅遊舊金山的日子，是11月底到1月底，因爲此時是雨季，天氣冷又常下雨，除非是特地爲了聖誕節而來。

紐約夏季炎熱、冬天嚴寒，最適合旅遊紐約的季節，還是在春、秋兩季，冬天是紐約旅遊的淡季，可以節省許多旅費，但是記得要多準備一些禦寒的衣物。

圖片提供／吳碧月

決定旅行天數

預算決定遊玩的天數。基本上，玩得越久省得越多，而結伴同行、借住朋友家和選擇淡季出發，都是節省預算的方法之一。建議旅程至少要7天，否則扣掉頭尾坐飛機和換日線調時差，實在不能玩到什麼。利用下一頁的預算參考表，可先計算旅費，再來決定旅行天數。

節慶日＋玩樂重點大檢驗

日期	國定假日	玩樂重點
1月1日	新年 New Year's Day Parade	各地有新年倒數活動
1月的第三個週一	金恩紀念日 Martin Luther King Jr. Day	大城市會舉辦紀念活動
2月的第三個週一	總統日 President Day	為了紀念林肯和華盛頓的生日，在白宮、維農山莊(見P.169)會有慶祝活動
3月17日	聖・派翠克日 St. Patrick's Day	各地會舉辦遊行，大家都會穿上綠色的衣服
3月或4月	復活節 Easter	參加有趣的撿蛋活動
5月的最後一個週一	陣亡將士紀念日 Memorial Day	許多美國人會在這天去掃墓
7月4日	獨立紀念日(美國國慶) Independence Day	會有很精彩的煙火表演
9月的第一個週一	勞工節 Labor Day	長假期，百貨公司通常有打折活動
10月的第二個週一	哥倫布紀念日 Columbus Day	
10月31日	萬聖節 Halloween	晚上有Treat or Trick要糖活動
11月11日	退伍軍人節 Veterans Day	
11月的第四個週四	感恩節(連續假期) Thanksgiving Day	別忘了到美國朋友家吃火雞
12月25日	聖誕節(連續假期) Christmas	各地有聖誕點燈儀式，聖誕節後大減價

決定預算

因爲COVID-19疫情大爆發，美國市場陷入了高通膨的時代，旅遊花費也跟著水漲船高，根據上一年度的統計，美國遊客的旅遊花費(不包括機票含住宿)，經濟型平均每人一天花費約美金$80、小康型$200、豪華型$600或以上，了解各項目的平均值，可以讓你更懂得精打細算。

美國旅行預算參考表 (以下幣值皆為新台幣)

	經濟型	小康型	豪華型
住宿(雙人房)	$1,200(單人房)/$2,400(雙人房)	$3,000～7,000(3～4星旅館)	$8,000～15,000或以上
餐費	$550 (速食店或美食街)	$1,000～2,000 (中級餐館)	$3,000～4,000以上 (高級餐廳)
交通費	$200～500 (大眾捷運)	$1,000或以上 (1日租車)	$1,000～3,000 (Uber/Taxi，視距離而定)
娛樂活動	免費秀	$300～1,200 (博物館門票)	$1,800～6,000 (百老匯/音樂表演門票)
機票	$27,000～40,000 (台北到舊金山或洛杉機，經濟艙淡季出發)	$40,000～50,000或以上 (台北到舊金山或洛杉機，經濟艙旺季出發)	$80,000～200,000以上 (商務艙)

行家祕技　如何買到便宜的美國機票？

撇步1 選擇淡季出發

認識美國的旅遊淡旺季，選擇淡季出發，自然機票、旅館都會便宜很多。淡季有時機票台幣2萬元就可以買到(指到洛杉磯和舊金山)，旺季有時會高達到台幣5萬元以上。

旺季(6～8月)：美國學生暑假多從6月中就開始，因此6月中後，美國國內機票及旅館便會開始漲價，7月初～8月底同為暑假大旺季，機票最貴，且旅遊景點也大爆滿，要提早預訂。

Shoulder Season(10～5月)：天氣溫和，票價比旺季低，比淡季高但天氣好，春天可賞櫻，秋天可賞楓，是最佳的旅遊時機。

淡季(11～3月)：可能會遇到嚴寒的大風雪或暴雨，氣候較不佳但機票最便宜(除了聖誕節長假和新年假期例外)，滑雪的旺季則是從1～3月開始。通常1月底的機票行情最淡。

撇步2 提早預訂

至少要21天前訂位。

撇步3 購買轉機票

轉機的票價通常比直飛便宜，可到www.backpacker.com.tw, 上面列出各航空公司的價錢，甚至是直飛或轉機，但轉機加上等待時間會更長，如果需出境過夜，加上住宿費未必划算。網上訂位價多還要外加稅金，稅金每家不同，從台幣4,000～15,000元都有，記得要加上稅金才是最後的價格。

撇步4 旅行團湊票

如果你的訪美行程不超過10天，行程又非常確定，不妨詢問一下旅行社有沒有湊票，湊票是湊旅行團不足的空額，買湊票可撿到便宜。

蒐集資料

走訪當地旅遊中心，是搜集資料的第一步。

到當地觀光局找好康

這裡有無數免費的地圖、旅遊小冊子或雜誌可以索取，甚至還有不少的折價券！聰明的自助玩家都知道，到達旅遊地的第一步，就是去當地的遊客中心走一遭準沒錯。

上網尋找旅遊資訊

除了旅遊書之外，網路更可以輕鬆搜尋到許多旅遊資訊，下面是有關遊覽美國的熱門網站。

- www.gousa.tw (美國國家旅遊局中文網)
- www.tripadvisor.com.tw (中文)
- www.backpackers.com.tw (中文)
- www.meilvtong.com/index.php (中文)
- www.klook.com/zh-TW (中文)
- www.kkday.com/zh-tw (中文)
- www.expedia.com.tw (中文)
- discoveramericas.org
- www.tripit.com/web/free (免費協助規畫行程)

旅遊資訊這裡找

紐約遊客中心

www.nycgo.com
151 W 34th St., Manhattan
(212)484-1222
其他地點／電話請掃QRcode

舊金山遊客中心

ww.sftravel.com
749 Howard St., San Francisco
(415)391-2000

費城遊客中心

www.discoverphl.com
1601 Market St. #200, Philadelphia
(215)636-3300

華盛頓D.C.遊客中心

washington.org
901 7th St., NW, 4th Fl., Washington, D.C.
(202)789-7000

邁阿密遊客中心

www.miamiandbeaches.com
701 Brickell Ave., Suite 2700, Miami
(305)539-3000

洛杉磯遊客中心

www.discoverlosangeles.com
633 W 5th St., Los Angeles
(213)236-2300

＊資料時有異動，請以官方公布的最新資料為主

赴美觀光90天免簽證，但仍需申請ESTA旅行許可證。

申辦護照

首次申請護照者，在民國100年7月1日起，須親自前往外交部辦理。若不能前往，須前往戶政事務所作「人別確認」，再委託親屬或旅行社辦理，持舊護照者，則免辦「人別確認」。

詳細資料可至外交部領事事務局查詢，護照申辦須6個工作天。

申請所需資料

- 申請書(可上網www.boca.gov.tw下載表格，或向各辦事處領取)
- 正面白背景彩色照片2張(6個月內拍攝，直4.5公分且橫3.5公分，不含邊框)
- 新式國民身分證正本，未滿14歲者繳交戶口名簿或3個月內的戶口謄本
- 辦照費新台幣1,300元

美國免簽證

美國於2012年10月2日宣布台灣加入免簽證計畫(簡稱VWP計畫)。根據這項計畫，只要符合資格的台灣護照持有人，即可赴美觀光旅遊或商務達90天，無須簽證。但規定到期後不得延簽，或在美國改變身分(如變更成學生簽證等等)，詳情可至網站：www.ait.org.tw/zh/vwp.html詳查。

只要赴美觀光不超過90天即不須簽證，但仍須申請一個名爲ESTA的旅行許可證，申請前要準備好具有有效期限的護照及信用卡，只要上網申請、上網付款(約$21)即可，詳情可上網查詢。

http ESTA的旅行許可證網頁：esta.cbp.dhs.gov/esta

護照這裡辦

外交部領事事務局
http www.boca.gov.tw
✉ 台北市中正區濟南路1段2-2號3～5樓
☎ (02)2343-2888

中部辦事處
✉ 台中市南屯區黎明路2段503號1樓
☎ (04)2251-0799

雲嘉南辦事處
✉ 嘉義市東區吳鳳北路184號2樓之1
☎ (05)225-1567

南部辦事處
✉ 高雄市苓雅區政南街6號3～4樓
☎ (07)715-6600

東部辦事處
✉ 花蓮市中山路371號6樓
☎ (03)833-1041

開放時間：週一～週五 (國定假日不上班)
申請時間：08:30～17:00 (中午不休息)

*資料時有異動，請以官方公布的最新資料為主

申請ESTA旅行許可證 Step by Step

Step 1 確定資格

先確定是否具有申請VWP的資格，再上網開始申請。

■持有的台灣護照為2008年12月29日或以後核發的電子晶片護照
■有國民身分證號碼
■此次前往美國觀光或洽商不超過90天
■有購買回程的機票
■無重大傳染疾病及重大犯罪紀錄

Step 2 準備申請

準備好英文的個人資料、護照資訊及信用卡。成人、兒童不分年齡均需提出申請。

Step 3 上網申請

最遲在出發日的72小時以前提出申請，而且越早提出申請越好。請至網站esta.cbp.dhs.gov/esta/，此網頁為英文版，若想使用中文版，請點選上欄的「中文」選項，即可進入中文的頁面。中文版的說明相當清楚，只要根據頁面上的5個步驟，一步一步完成即可。無法上網者，可以請第三者上網代你提出申請。

Step 4 確認申請

送出申請後的72小時內，再回到ESTA的網站上檢查結果，通常你在送出申請後，會很快知道答案，如果不幸被拒絕的話，你就必須前往美國大使館或領事館去辦理非移民簽證。

如果獲得許可，你的ESTA旅行證有效期限為2年，或直到你的護照過期為止，以先到的日期為準，因此在有效的期間內，你多次進出美國，都不需要再重新申請ESTA許可。

簽證這裡辦

美國在台協會台北辦事處
http www.ait.org.tw
106台北市信義路三段134巷7號
(02)2162-2000

美國在台協會高雄分處
http kaohsiung-ch.ait.org.tw
高雄市前鎮區成功二路88號5樓
(07)335-5006

＊以上資料時有異動，以官方最新公告為準。

Step 5 進入美國

獲得ESTA許可後，基本上，旅客不需要隨身攜帶列印的ESTA許可證去機場，因為資料已傳到運輸公司，但還是建議列印ESTA的申請答覆，作為ESTA申請號碼的紀錄，以防萬一。

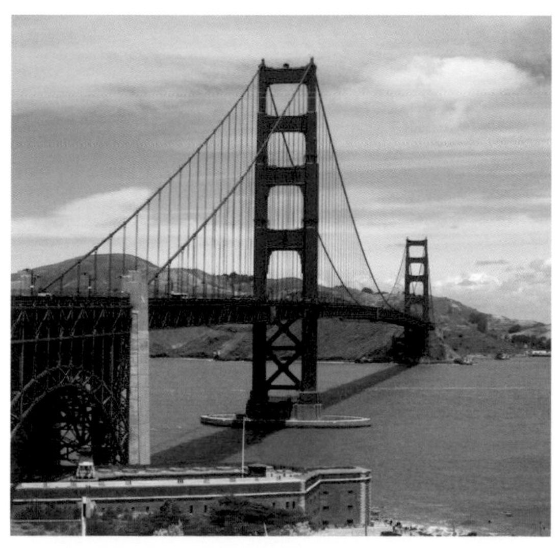

申辦ISIC國際學生證

好處：博物館、車票、表演票、電影票等票券，可比照學生票打折，有些機票也有折扣。

資格：年滿12歲之在校學生。

費用：新台幣400元。

文件：
- 身分證件正本
- 在學證明或有註冊章之學生證影本或入學許可證I-20
- 1或2吋大頭照片1張
- 申請書(須有學校的英文全名或縮寫)

天數：上網申辦或郵寄辦理。

圖片提供／ISIC官網

申辦IYTC國際青年證

好處：博物館、車票、表演票、電影票等票券，可比照學生票打折，有些機票也有折扣。

資格：30歲以下沒有學生身分者皆可申請。

費用：新台幣400元，發卡日起1年有效。

文件：
- 身分證
- 2吋大頭照片1張
- 申請書(填寫有關護照的英文相關資料)

天數：上網申辦或郵寄辦理。

申辦國際駕照

好處：如果要在美國短期開車，除了申請國際駕照之外，強烈建議出國時也一併攜帶中華民國的駕照正本，因爲有發生過美國加州警察不承認國際駕照的情形，最好兩個一併攜帶較有保障，且短期租車時也需要。建議行前先上網參考美國各州承認台灣國際駕照之情形。

http www.thb.gov.tw

資格：擁有台灣駕照者可至監理所換發國際駕照。

費用：新台幣250元。

文件：
- 身分證或居留證正本
- 駕照正本
- 2吋照片2張
- 護照影本
- 申請書，可向服務台索取或上網下載

天數：當場辦件當場取件。

國際駕照這裡辦

台北市監理所 (02)2763-0155
台北區監理所 (02)2688-4366
台中區監理所 (04)2691-2011
高雄市監理所 (07)361-3161

＊以上資料時有異動，以官方最新公告為準。

申辦YH國際青年旅舍卡

好處： 可以新台幣350～900元的低廉價錢，住宿全球4,000多家YH旅舍的連鎖旅舍，除了享受低廉房價之外，還有許多機票、渡輪票、國外書店或其他商店、門票的打折服務，另外還可免費租車，並會提供免費的地圖、旅遊書及旅行資料庫查閱。

資格： 12歲以上有意住宿國際青年旅舍的人皆可申請。

費用： 新台幣600元，為年度卡，效期1年。

文件：
- 護照影印本
- 雙證件正本(如身分證、健保卡)
- 申請書(可上網www.yh.org.tw下載)

天數： 當場辦件當場取件、郵寄或線上申請。

行家祕技　終身會員訂房服務

若加入YA國際青年旅舍的終身會員，可免費請辦理單位幫忙訂房，建議兩週前就預訂好；若非終身會員，必須自行上網訂房。房價都算便宜，但若訂房後沒有Check-in，會收取15%手續費。另外，青年旅舍的房間通常沒有私人廁所，如果不喜歡，可多花一點錢去訂有附的房間。

HOSTELLING INTERNATIONAL

國際證件這裡辦

歐洲語言資訊有限公司

http www.isic.com.tw
✉ 106台北市忠孝東路四段142號5樓502室
☎ (02)8773-1333
f ISIC Taiwan 台灣國際學生證
LINE @leu5880h

中華民國國際青年旅舍協會

http www.yh.org.tw
✉ 台北市大同區承德路一段44號6樓
☎ (02)23221881
f YHA Taiwan
LINE @104gxtse

＊以上資料時有異動，以官方最新公告為準。

美國最受歡迎的7家青年旅舍

青年旅舍	每晚房價	電話／傳真訂房	網址
紐約YH	$60或以上	212-9322300 / 212-9322574	www.hinewyork.org
洛杉磯 Santa Monica YH	$50或以上	310-3939913 / 310-3931769	pse.is/4vah6m
舊金山聯合廣場YH	$35或以上	415-7885604 / 415-7883023	www.norcalhostels.org
舊金山漁人碼頭YH	$40或以上	415-7717277	www.norcalhostels.org
西雅圖	$32或以上	206-6225443 / 206-6822179	pse.is/4vv85v
芝加哥	$32或以上	312-3600300 / 312-3600313	www.hichicago.org
夏威夷YH	$35或以上	808-9460591	pse.is/4vdvpq

美金匯兌

國外刷卡會酌收手續費，行動支付免接觸更方便。

大部分的美國銀行都無法讓你用新台幣換美金，所以你只能在機場、某些大型旅館、兩替店(Money Change)或是跟導遊換，但機場、旅館、導遊的匯率都不好，所以還是在台灣換好比較划算。

行家祕技　Travelex換匯網

Travelex是最大的換匯網。可以上網用信用卡付費，甚至最後選擇換成現金卡片使用，一切零現金接觸，疫情時代更方便安全。

http www.travelex.com

現金

現金眞的不必帶太多，因爲美國使用信用卡非常方便，且現金又有失竊的風險。兌換美金會酌收手續費，台灣旅客出境不能攜帶超過美金5,000元的現金，否則要先向中央銀行申請核准；入境美國不能攜帶超過美金1萬元的現金或等值的金融貨幣，否則要另外塡表申報。

美國是個塑膠貨幣風行的國家，大部分的店都收信用卡，因此，老美皮包裡很少帶很多的現金，只要是老美餐廳，幾乎都收信用卡，只有一些老中餐廳，才會只收現金(Cash Only)。

換現金時，記得不要只換100元的大鈔，也要準備一些零錢或20元的鈔票，用來付車費、小費……等。20元的鈔票比100元好用，因爲有時大鈔找不開，店家會不收。

信用卡

在超市或某些商店購物時，會讓你自行刷卡，刷卡時會看到「Credit」和「Debit」兩個選項，Credit是指「刷信用卡」，Debit是指「刷銀行的提款卡」，不要搞錯了！

打算在國外訂旅館或租車者，最好要有信用卡，否則要繳交高額的保證金。某些信用卡還有預借現金的功能，在國外緊急時刻可以派上用場。不過要記得，有些信用卡在國外刷卡使用時，會酌收交易手續費，行前記得先詢問清楚，貨比三家不吃虧。

行動支付

在美國使用行動支付相當普遍，行前設定好Apple Pay或Google Pay，或是非常普及的PayPal，只要帶著手機上路，付款超輕鬆。

跨國現金提款

有Cirrus、Plus標誌的提款機，可以讓你使用國際現金卡，讓你在國外的提款機(ATM)提領你在台灣帳戶內的存款。只要提款機上有和你台灣提款卡相同樣的圖案標誌，就可以提款。但玩家詢問的結果，這類提款匯率通常都不好，除了收手續費，還收匯率差額服務費，最好事先詢問銀行後再使用，對不喜歡攜帶大量現金旅行的人來說，邊玩邊領現，不失爲一種便利的好方法。

跨國現金提款 Step by Step

圖片提供／許志忠

圖片提供／許志忠

Step 1 輸入提款密碼

Step 2 選擇交易記錄

Step 3 選擇提款金額

提款請選「**Withdrawal**」；快速提款選「**Fast Cash**」，通常是提$40；若要知道帳戶餘額還有多少，就選「**Balance Inquiry**」。

Step 4 選擇帳戶種類

存款帳戶是「**saving**」，支票帳戶是「**checking**」。

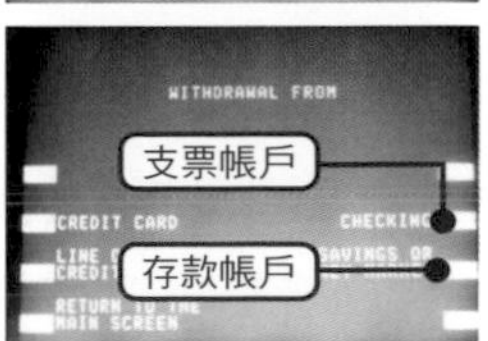

Step 5 領取現鈔

提款金額不能少於$20，出來的鈔票也是以$20爲倍數的金額，如40、60、80、100。

Step 6 結束交易

需要另外做交易請點選「**Another Transaction**」。

旅行支票

現金有遺失的風險，使用信用卡匯率又不一定划算，雖然旅行支票會收台幣0～100元的手續費，有時還是不錯的選擇。

失竊或遺失時可以補發，但記得要另外寫下支票號碼與收據分開存放。旅行支票通常可在銀行購得，兌換時須攜帶身分證及填寫表格，使用時要帶護照，非觀光區的鄉下小店可能會不收。

另外，旅行支票的買賣存根要和旅行支票分開保存，旅行支票若不慎遺失，才能順利理賠。

圖片提供／許志忠

行家秘技　如何使用旅行支票

購買旅行支票後，就立刻在上款簽下與護照相同的簽名，等到要使用、兌換時才當場在下款簽名，要記得攜帶護照喔！

學會上銀行

不像台灣銀行要趕3點半，美國銀行多服務到下午5點，有些銀行星期六會營業到中午12點或下午1點。就像麥當勞，銀行也有「得來速」，看到汽車專用提款機通道，駕駛人不用下車就可以領錢，或許正是美國生活的特色吧！

美國最大的銀行是Bank of America，分行遍布全美；西岸較大規模的銀行是Wells Fargo Bank，東岸盛行的是Chase Manhattan Bank，也有台灣熟悉的Citi Bank，可以上網找最靠近你的銀行。

銀行查詢看這裡

Bank of America：www.bankofamerica.com
Wells Fargo Bank：www.wellsfargo.com
Chase Manhattan Bank：www.chase.com
Citi Bank：www.citibank.com

＊以上資料時有異動，以官方最新公告為準。

行家秘技　如何看銀行的外匯匯率

Sell賣出：指銀行賣給你的價錢；如果此行是30，是指你用30元新台幣可以買到1元美金。

Buy買進：指銀行向你買進美金的價格；如果匯率標示為29，是指你用1元美金可以換到29元新台幣。

注意：各家銀行匯率都不同，記得貨比三家，要知道現在的即時匯率，可上網查詢www.findrate.tw。

圖片提供／許志忠

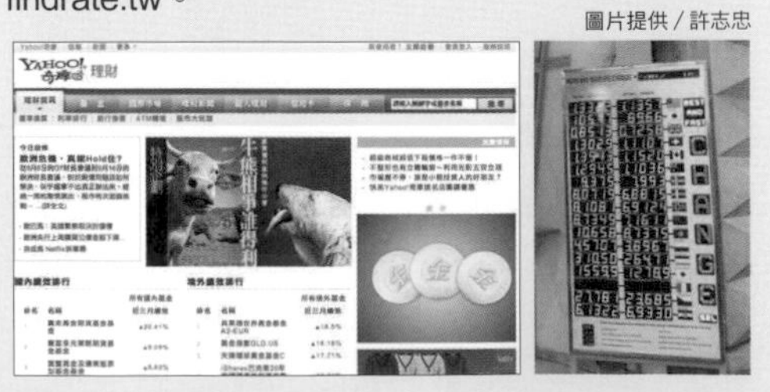

行李準備

旅美穿著IN & Out，打包行李So Easy！

■ 早晚溫差大是美國氣候的特徵。由於室內多有暖氣與冷氣，因此衣服以多層次的洋蔥穿法為最佳。棉質舒適的衣服以多層次搭配，再加上禦寒的外套或防風的薄外套，是最實穿的方式，太厚的毛衣或無袖背心或短褲並不適合。如果打算會去高級餐廳用餐或看正式表演，準備一套正式的服裝是必要的。準備行李前，別忘了先到www.weather.com查詢美國當地的即時氣候。

■ 美國的氣候比台灣乾燥，因此需攜帶保溼性佳的保養品，乳液、護手霜、甚至幾片急救的保溼面膜，在冬天旅遊美國時格外受用。

■ 多準備些常備藥，美國生病看醫生很貴的！

■ 一雙好走的鞋是必須的。另外，美國的旅館不會提供拖鞋及牙刷、牙膏，別像我曾經在美國住旅館，半夜下樓到處去買牙刷，慘啊！

■ 台灣的電器在美國都可以使用，要記得檢查電腦、手機、筆記型電腦、攝錄影機、數位相機的充電器帶了沒？另外，美國的電池很貴，最好在台灣先準備好。

旅美四季穿搭IN & OUT： 不想帶過多不實用的衣服上路，這個旅美穿著IN & OUT，教你打包So Easy！

	春	夏	秋	冬
	日夜溫差很大是美國氣候的特徵，早晚有時會冷到有如冬天的氣候，下午2～4點氣溫最高，有時又熱到想穿短袖，所以洋蔥式穿法是一定的方式 。	早晚會冷，到處有冷氣，某些港口風很大，還是得帶件薄外套。	美國秋天某些地方，已有冬天的寒冷威力，氣候非常乾燥，外套最好帶一薄一厚，要有防風功能。	某些州開始下雪，或進入雨季，一定要準備防寒防風防雨的厚外套，但到處都有暖氣，裡面不用穿得過於厚重。
IN	棉質衣服吸汗、保暖又易清洗，非常適合美國的天氣。	多準備幾件T恤，非常實穿，尤其帽子、防曬油不可少。	查看當地氣溫，有些地方最好準備圍巾、帽子和手套。想穿裙子的話，多帶幾雙厚襪，因為美國的厚絲襪超貴的喔！	長過膝的厚外套，連腿部也保暖到，當然圍巾，帽子、手套不可少。
OUT	美國到處都有冷、暖氣、太厚重的毛衣、體積大又不易清洗、反而不實用。	性感的細肩帶背心，夾腳拖，除了在旅館內休憩用，其實並不實用。	盡量選擇色調調和的衣服，穿搭更方便，顏色太突兀的衣服反而不好搭配，到頭來只能穿一次或根本穿不到！	無防水性的外套及鞋子不考慮，尤其會下雪的地方，鞋子要注意防滑性。

- 打火機、小刀、剪刀、噴霧器、液狀品，要放在託運的行李箱內；每間航空公司託運行李規定不一，如聯合航空赴美經濟艙旅客，每人只能託運一件23公斤行李，長榮航空則每人限2件託運行李，限重23公斤(50磅)，長寬高總尺寸不得超過158公分，最好先上各航空公司網站查詢。隨身行李限重7公斤，隨身行李內攜帶的液態物，每件不可超過100ml，需放入在透明封口塑膠袋內(最大尺寸為20公分×20公分)，每人只限帶一個塑膠袋，檢查時需與隨身行李分開放，供相關人員檢查。
- 攜帶超過美金1萬元的現金或等值的金融貨幣，包括旅行支票、個人支票或股票、公債等，入關時要申報。

行家祕技　打開我的私密旅行箱

祕密1　Lipault輕便行李箱

來自法國的Lipault向來都是我的最愛，設計新穎輕巧，最重要是可以摺疊，不用時可折壓收納，非常不占空間，尤其重量超輕，一點也沒有負擔感。

祕密2　Lush Shampoo Bar洗髮餅

不要再怕洗髮精會漏得整個皮箱都是了，洗髮精做成香皂的形式，旅行都不怕漏了。

祕密3　輕便羽絨衣

美國日夜溫差大，一定要多層次穿法，帶一件輕巧的羽絨衣最實穿了，不用時壓緊塞在包包裡也沒負擔。

祕密4　TSA海關鎖

鎖頭上有紅色菱形標誌的，就是美國海關認可的TSA海關鎖，海關可以開啟這種鎖，不會因為檢查，而破壞了你的行李箱。

祕密5　Nu Skin＋Valmont保濕品

美國氣候超乾燥，一定要帶些保濕品或面膜上路，對付乾燥的氣候，我最愛Nu Skin Ageloc Tru Face Essence Ultra保濕精華和Valmont Prime Renewing Pack的保濕面膜，覺得非常有效。

祕密6　樂扣樂扣便當盒

發現用樂扣樂扣便當盒裝旅行保養品實在太方便了，不但防漏又不怕擠壓。

祕密7　INDUL GENCE網站

我非常喜歡逛的網站，上面有許多特別的旅行小物，像是可摺疊的拖鞋，時尚感十足的眼罩頸枕等。http www.indulgence.com.tw

行李檢查表

	必備物品類	
	護照＋簽證(或ESTA許可證影印)＋其他證件(如保險卡、國際駕照、國際學生證、疫苗卡……等)	檢查護照效期須在6個月以上，重要證件影印／拍照＋備用照片2張分開放
	現金＋旅行支票＋信用卡	需記錄旅行支票號碼，記得攜帶當初刷卡買機票的那張信用卡，有些航空公司辦理登機手續時會查驗
	電子機票列印／拍照＋累積里程航空公司會員卡	務必檢查機票上的姓名是否與護照相同
	盥洗用具＋保養品＋化妝品＋刮鬍刀	高級旅館不提供牙膏、牙刷，保養品要加強保溼
	相機＋電池＋記憶卡，錄影機＋電池＋記憶卡 手機＋筆記型電腦＋iPad＋耳機+行動電源+自拍棒	別忘了充電器，注意行動式電源或相機的某些鋰電池不能放在託運行李內，須放在隨身行李內
	電話連絡簿	別忘了在美國要連絡的朋友的電話
	外套＋換洗衣服＋內衣褲＋襪子＋睡衣	如果要去高級餐廳，記得帶一套正式的服裝
	鞋子＋拖鞋，眼鏡或太陽眼鏡	美國旅館不提供拖鞋
	筆＋記事本＋地圖＋旅行資料＋行程表	
	腰包＋雙肩背包或其他包包	以輕便防搶為主
	常備藥物＋防疫用品(口罩、乾洗手、體溫計等)	尤其是感冒藥和腸胃藥
	擴充物品類	
	下載好旅程需用相關APP	行動電源不可放在託運行李，需要隨身行李攜帶
	塑膠袋	裝髒衣服用
	雨具，泳衣＋防曬油＋帽子，防寒圍巾＋防寒帽，衛生棉＋面紙，洗衣粉，吹風機，打火機，多用途小刀，指甲刀，棉花棒	也可當地購買
	幾本輕便的好書或雜誌	等車或坐飛機時不無聊

應用英語ABC

單字片語

Deposit　存錢
Withdrawal　提錢
fill out deposit / withdrawal slip　填寫存款／提款單
checking / saving account　支票／存款帳戶
confirm the amount　確認款額
direct money to someone's account　匯錢至某人的帳戶
ATM　提款機
CD(certificate of Deposit)　定存
PIN number　提款密碼
Balance of the checking account　支票帳戶的餘額
Cash the check　兌現支票
Money order　匯票
Wire　電匯
Remittance　匯款

應用會話

I would like to make a remittance to Taiwan.
我想要匯款到台灣。

How long will it take by wire?
如果電匯要多久才收到？

I would like to withdrawal 100 dollars from my checking account.
我想要從我支票帳戶提100元。

Could you make a certified check for 100 dollars, please?
請開立一張100元的保付支票。

Could you exchange New Taiwan dollars into U.S dollars?
你能幫我將新台幣換成美金嗎？

What is the exchange rate today?
今天的兌換率是多少？

I would like to break a hundred into small bills.
我想要將百元鈔換成小鈔。

How would you like your money?
你想要怎麼樣的面額？

I want 3 20s, 3 10s and 10 one dollars bills.
我想要3張20元、3張10元和10張1元的鈔票。

圖片提供／許志忠

抵達機場後，如何順利入出境？

要入出境美國，該怎麼做？抵達紐約甘迺迪國際機場、紐瓦克國際機場、舊金山國際機場與洛杉磯國際機場後，要怎麼進入市區？別擔心，照著步驟做，包準你進出美國無障礙！

FISHERMANS WHARF
OF SAN FRANCISCO

美國入出境步驟

出入境美國懶人包，來去美國真簡單！

從台灣到美國

出發前先檢查

- **護照(效期長於預計停留美國的時間)。**
- **簽證或美國許可證，需事先申請(P.45)。**
- **接種疫苗證明(雖目前入境美國不需要，但建議攜帶以防各場所需要查驗)。**
- **行前再次確認最新相關規定。**
  - http 美國CDC：www.cdc.gov
  - http 外交部領事事務局：www.boca.gov.tw/mp-1.html
- **託運行李是否符合規定：**各航空公司規定不一，以長榮航空爲例，每人限2件託運行李，限重23公斤(50磅)，長寬高尺寸加總不得超過158公分。行李記得要掛上行李條，可先詢問櫃檯託運行李可否上鎖，有時往美國的航班會不建議上鎖，若要上鎖請使用TSA海關鎖。

- **隨身行李是否符合規定：**隨身行李限重7公斤，尺寸限制爲56×36×23公分。不可攜帶打火機、小刀、剪刀、指甲刀和噴霧器。隨身行李內的液態物品，每件不可超過100ml，且需全部放入一個透明封口塑膠袋內(最大尺寸爲20公分×20公分)，每人只限帶一個塑膠袋，鋰電池和行動電源不可置於託運行李內，必須隨身攜帶登機。
- **準備機上助眠品：**搭長程班機會遇到經過換日線時差調整的問題，不容易入睡的人，可事先準備天然的助眠藥品帶在身上，如褪黑激素(Melatonin)等。

飛美注意事項

- **提前劃好座位：**飛美國的時間滿久的，爲了旅途的舒適，建議提前在網路上劃位，一般以走道(Aisle seat)和靠窗(Window seat)的位子比較受歡迎。
- **提早抵達機場：**飛往美國的班機最好提前3個小時到機場。
- **COVID-19相關入境規定：**現在已不需提供登機前一天的PCR證明；無症狀者入境美國免隔離。
- **搭長途記得多活動筋骨：**上飛機後，建議換成拖鞋，久坐不適時可到後艙活動筋骨，讓水腫發脹的四肢舒服一些。

■ **入境申請表和申報單：**在機上會拿到入境美國申請表和海關申報單，下機前要先填好，入境美國時須繳回。

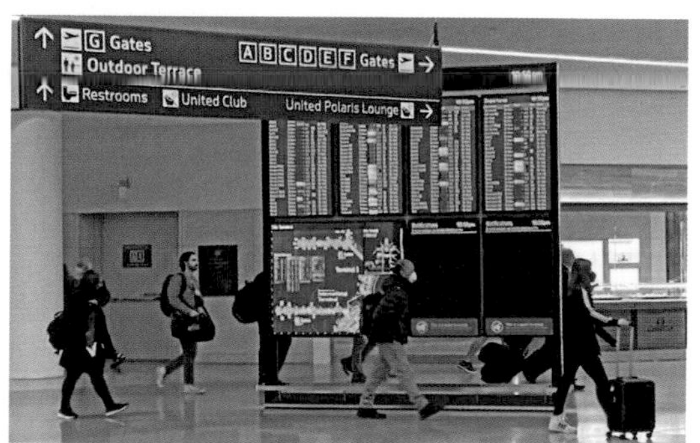

飛美航空公司查詢電話

航空公司	美國連絡電話	台北連絡電話
中華航空	1-800-2275118	(02)2715-1212
長榮航空	1-800-6951188	(02)2501-1999
聯合航空	1-800-2416522	(02)2325-8868
新加坡航空	1-800-7423333	(02)2551-6655
國泰航空	1-800-2332742	(02)2715-2333
日本航空	1-800-5253663	(02)8177-7006
星宇航空	1-833-9710012	(02)2791-1199

轉機步驟 Step by Step

No stop代表直飛，One stop是指有一個轉機點，通常要轉機的飛機會比較便宜。若須轉機，建議轉機時間至少預留2個小時以上，以防飛機延誤而銜接不上。購買機票以及Check-in時，記得確認有無「行李直掛」，行李直達目的地會方便很多。

Step 1 櫃檯Check-in

轉機最好選有行李直掛的航班，有時會連在第一段航程就把轉機的登機證也一併給你。

Step 2 到達轉機地點

跟隨機艙口機場人員的導引進入候機室，或是跟著機場標誌(Transit)到達轉機櫃檯辦理手續。

Step 3 在過境室候機

請隨時注意廣播，有時會臨時性更改，導致登機門和登機時間會和登機證上的不同；有些機場甚至必須再經過一次安全檢查。

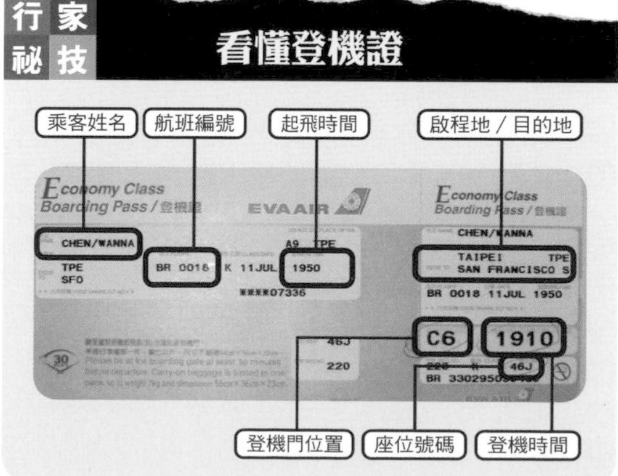

入境美國申請表

現在只要是有申請美國許可證(ESTA)，由海、空進入美國的旅客，不必填寫這張俗稱I-94白卡的美國入境申請表(I-94 Arrival / Departure Record)，只要填寫右頁的海關申報表(Customs Declaration)即可。但由加拿大或墨西哥以陸路方式入境美國者，或是持B1 / B2旅遊簽證的旅客，仍然需要填寫此表。請全部以英文大寫填寫，表格的背面不用填。表格請填寫兩個部分，一個是入境記錄(Arrival Record，項目1～17)，一個是出境記錄(Departure Record，項目18～21)。表格填寫完後，請在入境時呈交美國海關。詳細入境規則可見美國海關暨邊境保護局網站。

http www.cbp.gov

❶姓 ❷名
❸生日(日 / 月 / 年)
❹國籍
❺性別(男Male或女Female)
❻護照簽發日期(日 / 月 / 年)
❼護照到期日(日 / 月 / 年)
❽護照號碼
❾航空公司及班機號碼
❿你居住的國家
⓫登機城市：若在桃園中正機場登機，就寫「TAIPEI」，若在高雄小港機場登機，就寫「KAOHSIUNG」
⓬簽證的簽發地點
⓭簽證的簽發日期(日 / 月 / 年)
⓮你在美國的住宿地址(號碼和街名)；若是住旅館，則填上旅館名稱及地址
⓯你在美國的住宿地址(城市和州別)
⓰能聯絡到你的美國電話號碼
⓱電郵信箱
⓲姓 ⓳名
⓴生日(日 / 月 / 年)
㉑國籍

DEPARTMENT OF HOMELAND SECURITY
U.S. Customs and Border Protection

OMB No. 1651-0111

Welcome to the United States
I-94 Arrival/Departure Record
Instructions

This form must be completed by all persons except U.S. Citizens, returning resident aliens, aliens with immigrant visas, and Canadian Citizens visiting or in transit.

Type or print legibly with pen in ALL CAPITAL LETTERS. Use English. Do not write on the back of this form.

This form is in two parts. Please complete both the Arrival Record (Items 1 through 17) and the Departure Record (Items 18 through 21).

When all items are completed, present this form to the CBP Officer.

Item 9 - If you are entering the United States by land, enter LAND in this space. If you are entering the United States by ship, enter SEA in this space.

5 U.S.C. § 552a(e)(3) Privacy Act Notice: Information collected on this form is required by Title 8 of the U.S. Code, including the INA (8 U.S.C. 1103, 1187), and 8 CFR 235.1, 264, and 1235.1. The purposes for this collection are to give the terms of admission and document the arrival and departure of nonimmigrant aliens to the U.S. The information solicited on this form may be made available to other government agencies for law enforcement purposes or to assist DHS in determining your admissibility. All nonimmigrant aliens seeking admission to the U.S., unless otherwise exempted, must provide this information. Failure to provide this information may deny you entry to the United States and result in your removal.

CBP Form I-94 (05/08)

OMB No. 1651-0111

Arrival Record

Admission Number

000000000 00

❶ 1. Family Name
❷ 2. First (Given) Name | 3. Birth Date (DD/MM/YY) ❸
❹ 4. Country of Citizenship | 5. Sex (Male or Female) ❺
❻ 6. Passport Issue Date (DD/MM/YY) | 7. Passport Expiration Date (DD/MM/YY) ❼
❽ 8. Passport Number | 9. Airline and Flight Number ❾
❿ 10. Country Where You Live | 11. Country Where You Boarded ⓫
⓬ 12. City Where Visa Was Issued | 13. Date Issued (DD/MM/YY) ⓭
⓮ 14. Address While in the United States (Number and Street)
⓯ 15. City and State
⓰ 16. Telephone Number in the U.S. Where You Can be Reached
⓱ 17. Email Address

CBP Form I-94 (05/08)

DEPARTMENT OF HOMELAND SECURITY
U.S. Customs and Border Protection

OMB No. 1651-0111

Departure Record

Admission Number

000000000 00

⓲ 18. Family Name
⓳ 19. First (Given) Name | 20. Birth Date (DD/MM/YY) ⓴
㉑ 21. Country of Citizenship

CBP Form I-94 (05/08)

See Other Side

STAPLE HERE

美國海關申請表

爲了避免入關的麻煩，表格從第11～14項最好都塡NO，所以來美國就盡量不要帶水果、蔬菜、種子、肉類、土壤、動物及各種農作物，也不要帶美國電影與音樂的盜版CD或盜版的電腦軟體。如果被海關開箱檢查也不要害怕，要誠實回答，英文不懂的話，不要隨便點頭或搖頭，機場會備有說中文的海關人員，你可以要求協助。美國入境可攜帶200支香菸，21歲以上的旅客可免稅攜帶一瓶酒（1公升）。另外，遊客可攜帶不超過美金100元的物品。若須查詢何種農產品或動物可以攜帶入境者，可致電美國301-7348295（植物）、301-7343294（動物）。

❶ 姓(Family Name)，名(First / Given)。Middle Name 通常不用填寫

❷ 生日(日／月／年)

❸ 和你同行的家庭成員人數

❹ (a)來美街道住址(或旅館名稱／目的地)
(b)城市
(c)州別

❺ 護照簽發國家

❻ 護照號碼

❼ 國籍

❽ 在到達美國前去的國家(如在中正機場登機的就寫TAIWAN)

❾ 班機號碼或船號碼

❿ 此趟旅行的目的是商務？ □對 □錯

⓫ 我帶了
(a)水果、植物、食物、昆蟲 □對 □錯
(b)肉、動物、野生動物產品 □對 □錯
(c)細菌、生物細胞、蝸牛 □對 □錯
(d)土壤或曾去過農場 □對 □錯

⓬ 我曾經密切的接觸過家禽家畜 □對 □錯

⓭ 我有攜帶超過一萬元美金的現金或等值的金融貨幣(包括旅行支票、個人支票或股票、公債等)或外國貨幣 □對 □錯

⓮ 我有攜帶商用的貨物(包括販賣品、樣品等，非個人所用的) □對 □錯

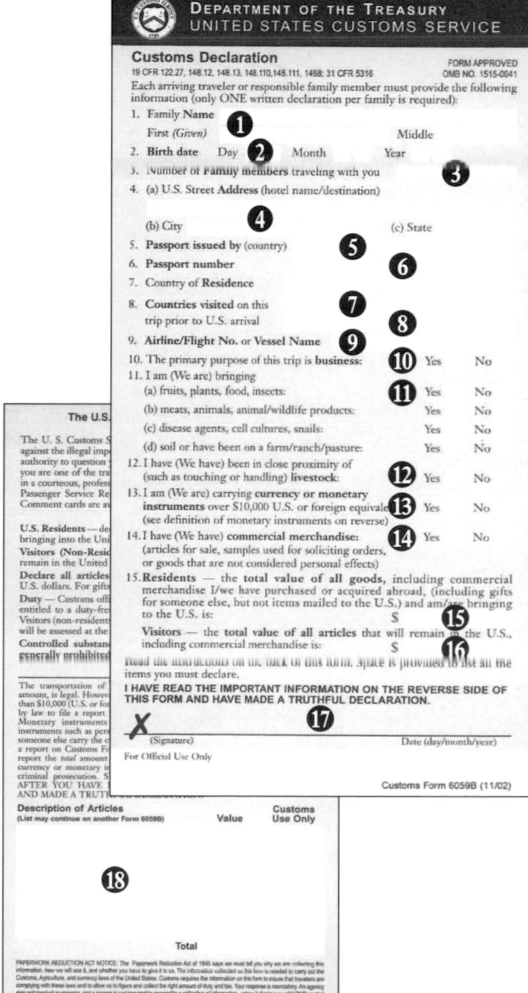

DEPARTMENT OF THE TREASURY
UNITED STATES CUSTOMS SERVICE

Customs Declaration
19 CFR 122.27, 148.12, 148.13, 148.110,148.111, 1498; 31 CFR 5316
FORM APPROVED OMB NO. 1515-0041

Each arriving traveler or responsible family member must provide the following information (only ONE written declaration per family is required):

1. Family Name ❶
   First (Given) Middle
2. Birth date Day ❷ Month Year
3. Number of Family members traveling with you ❸
4. (a) U.S. Street Address (hotel name/destination)
   (b) City ❹ (c) State
5. Passport issued by (country) ❺
6. Passport number ❻
7. Country of Residence
8. Countries visited on this trip prior to U.S. arrival ❼ ❽
9. Airline/Flight No. or Vessel Name ❾
10. The primary purpose of this trip is business: ❿ Yes No
11. I am (We are) bringing
   (a) fruits, plants, food, insects: ⓫ Yes No
   (b) meats, animals, animal/wildlife products: Yes No
   (c) disease agents, cell cultures, snails: Yes No
   (d) soil or have been on a farm/ranch/pasture: Yes No
12. I have (We have) been in close proximity of (such as touching or handling) livestock: ⓬ Yes No
13. I am (We are) carrying currency or monetary instruments over $10,000 U.S. or foreign equivalent: ⓭ Yes No (see definition of monetary instruments on reverse)
14. I have (We have) commercial merchandise: ⓮ Yes No (articles for sale, samples used for soliciting orders, or goods that are not considered personal effects)
15. Residents — the total value of all goods, including commercial merchandise I/we have purchased or acquired abroad, (including gifts for someone else, but not items mailed to the U.S.) and am/are bringing to the U.S. is: $ ⓯
   Visitors — the total value of all articles that will remain in the U.S., including commercial merchandise is: $ ⓰

Read the instructions on the back of this form. Space is provided to list all the items you must declare.

I HAVE READ THE IMPORTANT INFORMATION ON THE REVERSE SIDE OF THIS FORM AND HAVE MADE A TRUTHFUL DECLARATION.

X (Signature) ⓱ Date (day/month/year)

For Official Use Only

Customs Form 6059B (11/02)

The U.S.

Description of Articles (List may continue on another Form 6059B) | Value | Customs Use Only

⓲

Total

Customs Form 6059B (11/02)

(所有旅客均需填寫，但一個家庭只需填寫一份，有中文版本可向飛機上的空姐或海關索取)

⓯ 美國居民——估計你此次攜帶的物品總值是多少？包括商用貨物，境外購買的，或是送人的禮物等等。

⓰ 訪客——將留在美國的所有物品(包括商品)的總價值為：

⓱ 簽名及日期

⓲ 旅客攜入的物品總值免稅額超過美金1,000元時，必須在此將物品一一列出。

入境美國步驟

Step 1 入境審查

準備好護照、簽證、入境表格及海關申報表，持觀光簽證者要備有回程機票。海關驗照櫃檯通常分成兩種，美國居民(Resident)和非居民(NO-Resident)，不要排錯了。

查驗證照時，沒有美國公民和綠卡身分的人，會被要求照相和按手紋，並當場詢問你一些簡短的問題，如：「你此次來美國的目的？會來幾天？住在哪裡？」。目前台灣同胞前往美國旅行爲免簽證，只需要上網先申請好ESTA旅行許可證，即可遊覽美國(行程限90天內)。

Step 2 提領行李

在螢幕上找到你班機的行李轉盤號碼，附近都會有手推車。

Step 3 海關申報

交回海關申報表時，海關有時會再詢問一次你有沒有攜帶肉類，水果或食物？請據實回答，不要和表上回答的不一樣；有時會直接放行出關，有的會要你將行李再過一次X光查驗。

Step 4 通關抵達

出關之後，別急著出機場，有時間的話，不妨到機場的詢問服務處(Airport Information Booth)或旅行者協助站(Travelers AidBooth)走一遭，這裡有免費的市區地圖、城市資訊、火車或公車時刻表和折價券可以拿。

美國境內銀行多不能以新台幣兌換美金，如果身上多大鈔，沒有零錢支付一些小費或車費，可在機場的兌換處先兌換一些零錢。美國的服務通常都要給小費的，搬行李上車這種事，最好一切自己來喔！

出境美國步驟

美國安全檢查程序相當嚴格，電腦、裝液態物的塑膠袋都須從隨身行李中拿出來，單獨放在盒子裡受檢。所有隨身物品皆要通過X光檢查外，也會要求旅客脫掉鞋子和外套，然後才穿過X光儀器，高舉手臂接受檢查。

貼心小提醒

自助式登機很方便

某些航空公司已採用自助式的登機手續，如果沒有託運行李，旅客可以自行操作機器直接辦理Check-in手續，簡單又省時，但有託運行李的人，須到櫃檯辦理。

從機場到市區

學會各種方式從機場到達市區，自助旅行更上手。

紐約JFK機場

紐約附近共有3個機場，國際機場是甘迺迪國際機場(JFK)和紐華克國際機場(EWR)，另一個拉瓜地(LGA)則是國內機場。這3個機場到紐約的市中心的距離分別是甘迺迪機場24公里，紐華克機場21公里，拉瓜地機場13公里。

甘迺迪國際機場(John F. Kennedy International Airport)共分爲8個航站(Terminal)，目前僅開放5個航站，且第一航站(Terminal 1)因工程暫停了機場捷運(AirTrain)的服務，但還是有提供免費接駁巴士。各航站都設有大眾交通服務台(Ground Transportation Information)，有專人爲你詳細解說，提供搭乘到市區的交通及提供相關的資訊；機場內尚有飯店預約專線(Hotel Reservations)、外幣兌換……等服務。

機場交通資訊看這裡

紐約JFK機場
http www.jfkairport.com
機場免費Wi-Fi：Free JFK WiFi

紐約EWR機場
http www.newarkairport.com
機場免費Wi-Fi：Free EWR WiFi

舊金山SFO機場
http www.flysfo.com
機場免費Wi-Fi：SFO FREE WIFI

洛杉磯LAX機場
http www.flylax.com
機場免費Wi-Fi：LAX Free WiFi

＊資料時有異動，請以官方公布的最新資料為主

搭機場捷運

機場捷運(AirTrain JFK)是免費的、全年行駛、24小時全天服務，它環繞著機場行駛，可達各個航空站(Terminal)、停車場、旅館接駁巴士(Hotel Shuttles)、租車服務處，並連接通往市區的大眾交通工具：紐約地鐵(MTA subway)、巴士(MTA Bus)和長島火車(Long Island Rail Road)，是到達紐約市區和紐澤西(New Jersey)最便宜的一種交通方式。

往市區有2條路線，紅線是往牙買加站(Jamaica Station)的牙買加列車(Jamaica StationTrain)，綠縣是往霍華德海灘站(Howard Beach)的霍華德海灘列車(Howard Beach Train)，兩條路線皆經過Federal Circle站，爲租車中心(Rental Cars)及旅館接駁巴士上車點(Hotel shuttles)。

http www.jfkairport.com/to-from-airport/air-train

搭地鐵

搭機場捷運紅線到牙買加站(Jamacia Station)後，轉搭紐約地鐵E、J、Z路線可達紐約曼哈頓市區，E線可以到達曼哈頓中城區(Midtown Manhattan)，如賓州車站(Penn Station)、，由此可再轉接其他地鐵路線或巴士到曼哈頓上城區(Upper Manhattan)，如W 125街。Z線可到皇后區南邊(Southern Queens)、布魯克林區北邊(Northern Brooklyn)。從牙買加站搭長島火車可到長島(Long Island)。

搭乘綠線到霍華德海灘站之後，轉搭地鐵A線或巴士都會經過Federal Circle站，這裡是租車中心及旅館接駁巴士的上車點。A線可到曼哈頓下城區(Lower Manhattan，W 14街以南)。

從牙買加站和霍華德海灘站出站轉接地鐵時(或由紐約地鐵轉機場捷運時)，需收費$8.25，加上Metro空卡費用$1和地鐵費，進入紐約市區票價為$12元美金。

http www.mta.info

搭巴士

紐約公車Q3、Q6、Q7、Q10 LTD 及B15路線，可連接JFK機場與布魯克林(Brooklyn)、皇后區(Queens)，以及部分地鐵路線。其中，Q3可達皇后區，並連接地鐵F線；Q10也可達皇后區，並連接地鐵A、E、F線；B15則是到紐約東側。巴士票價為$2.75，班次請至MTA官網查詢。

http www.mta.info

搭共乘巴士

在各航站樓的客運總站(Port Authority Welcome Center)有自助式票務機，可聯絡到共乘服務巴士(Shuttle)，到市區約$20～25。可直接送到飯店門口(door-to-door)，缺點是乘客若下車地點相距很遠，有時會費時2～3小時(正常情況90分鐘)，若人數多，不如搭乘計程車或Uber分擔車資。

搭計程車

在機場的計程車招呼站搭車較安全，那裡有身著制服的計程車招車手(Taxi Coordinators)為你服務。紐約的計程車是黃色的，車頂、車門兩側及收據上都有計程車的車號(Medallion Number)，車資到曼哈頓約$70～75。

租車

在各航站的入境樓層靠近行李轉盤處，都有租車公司的櫃檯和電話。取車需搭乘機場捷運到Federal Circle Station。

網路叫車

在美國，Uber和Lyft都非常盛行(見P.26)。通常Uber會比一般計程車便宜，Lyft又比Uber便宜，但若遇大塞車時就不一定，建議先上網比較價錢，一般叫車或計程車都會再給小費，約為車資的10～15%。

共乘服務公司這裡查

Airlink New York	(212)812-9000
	(877)599-8200
ETS Air Shuttle	(718)221-5341
Trans-Bridge Bus Lines	(908)730-6552
Carmel Super Saver	(800)924-9954

＊以上資料時有異動，以官方最新公告為準。

紐約JFK機場大眾交通圖

圖片提供／紐約JFK國際機場

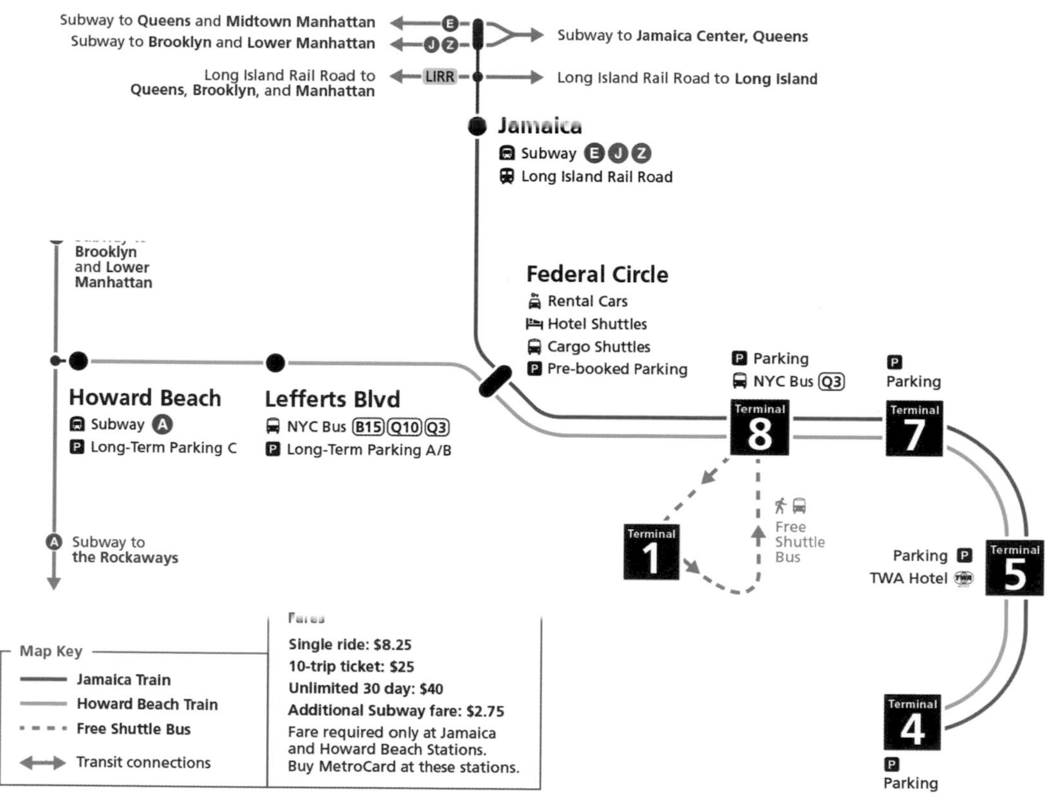

紐約EWR機場

各航站靠近行李轉盤附近的大眾交通服務台(Ground Transportation Information)，可幫助你並解答所有機場到市區交通的問題。

搭大眾運輸系統

搭機場捷運(AirTrain EWR)可連接紐澤西公車(NJ Transit)和美國國鐵(Amtrak)，到達紐約賓州車站(New York Penn Station)或其他地方，可至機場官網查詢。

http www.newarkairport.com/to-from-airport/air-train

搭巴士

約每15分鐘一班，全年無休，搭乘Newark Airport Express Bus，可以到達紐約市區，車資單程約$18。

搭共乘巴士

在各航站入境樓層的客運總站有自助式票務機，可聯絡到有提供共乘服務的巴士，抵達市區車程約30～60分鐘。

搭計程車

在機場的計程車招呼站(Taxi Stands)搭車，下車別忘了要收據，車資如不是固定車資(Flat

Fare)，還要再加15～20%的司機小費，尖峰時間再加收$5；超過24英吋的行李，一件加收$1。車資到達紐約曼哈頓區約$50～70。

租車

根據機場地圖找到租車處(Car Rental)，或致電Hertz：1-973-6212000、Avis：1-973-9614300。

舊金山SFO機場

舊金山國際機場距市區30分鐘車程，可以在機場坐捷運(Bart)直達舊金山市區(在Powell St.站下，就是舊金山最熱鬧的聯合廣場)，對於自助旅行者來說非常便利。

舊金山國際機場(San Francisco Airport)共分爲4個航站，第一到第三航站(Terminal 1～3)是國內航站，國際航站(International Terminal)共有4層，是國際航線的飛機報到和到達的地點。

Level 1：公車站。

Level 2：入境大廳(Arrivals Lobby)、行李轉盤(Baggage Claim)和G停車場(Garage G)。同層的詢問處Airport Information Booth可拿一些免費的旅遊資訊或機場資料，這裡有專人協助解答。

Level 3：離境大廳(Departures Lobby)、航空公司報到Check-in櫃檯、市區捷運(Bart)搭車處。同層的Travelers Aid Booth，從09:00～21:00提供各式旅遊資訊及公車、捷運時刻表。

Level 4：機場捷運(AirTrain SFO)、租車中心(Rental Car Center)。機場捷運24小時全天服務，每4分鐘一班，有2條路線，紅線可到所有航站、停車場及捷運(Bart)；藍線除了可到紅線的所有站點外，還可到租車中心。所有航站也都可步行抵達，全程走一圈約25分鐘。

搭捷運

市區捷運位於國際航廈的3樓，可搭機場捷運至Garage G / Bart Station下車。市區捷運可直達

舊金山國際機場AirTrain路線圖 圖片提供／舊金山國際機場

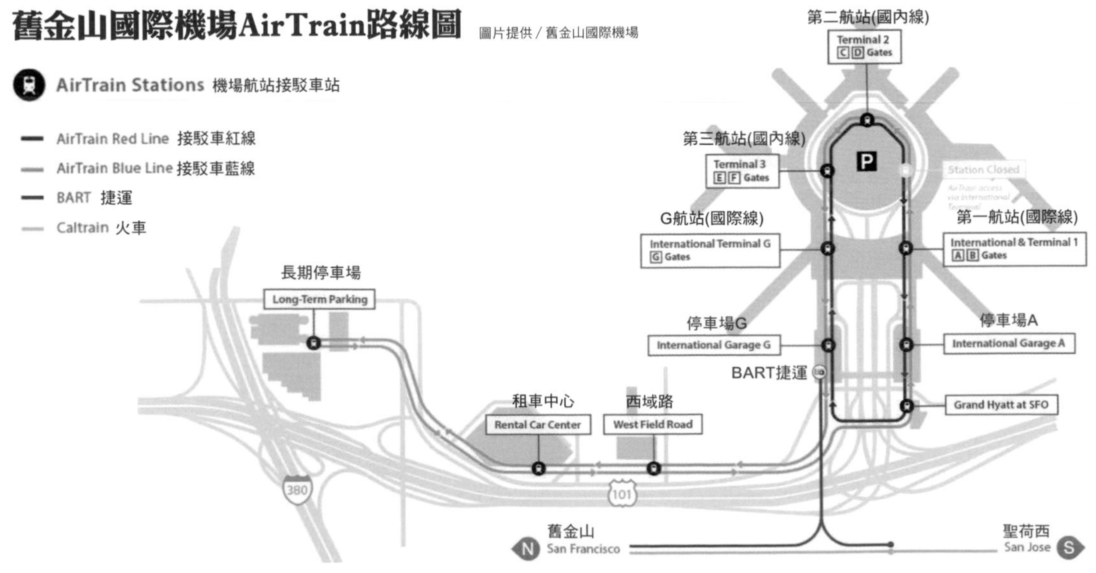

舊金山市中心，如Powell站即是最熱鬧的聯合廣場，也可以連接到舊金山灣區的其他城市，如Berkeley、San Jose等(購票方式見P.92)。

搭巴士

巴士(SamTrans Public Bus Service)連接機場到San Mateo County和部分舊金山和Palo Alto的幾個點。公車站的搭乘地點是第一、二航站與到站大廳同層出來的中間分隔島、國際航站的Level 1。

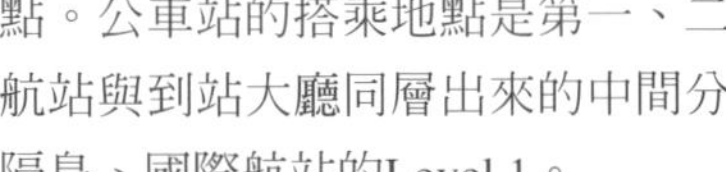

巴士乘車點▶

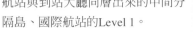

搭共乘巴士

從各航站的入境樓層出來，在中央間隔島上搭乘，共乘巴士提供送到府(door to door)的服務，能事先預約會更好，近年因疫情大流行，許多共乘服務暫停，出發前請到機場官網再次確認。

共乘巴士乘車點▶

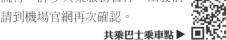

搭計程車

從各航站的入境樓層出來，在中央間隔島上有計程車乘車處(Taxi Zone)，會有穿制服的計程車招車手(Taxi Coordinators)協助攔車，從07:00～凌晨02:15提供服務。從機場到舊金山市區，車資約$40～65。也可用機場電話撥打1191叫車。

租車

於國際航站的4樓搭機場捷運的藍線，可前往租車中心(Rental Car Center)。

網路叫車

舊金山為網路交通公司(Uber、Lyft、Wingz等)設置了專用載客區，並開放停車場30分鐘內免費停車的優惠，以緩解上、下車的擁擠狀態。網路叫車的上車地點為機場第一～第三航站的5樓、國際航站的3樓。網路叫車詳見P.26。

洛杉磯LAX機場

洛杉磯國際機場(Los Angeles International Airport，簡稱LAX)，是加州最大的機場，其服務的客運數量高居全球的第五大，可以算是世界上最繁忙的機場之一。

機場共有9個航廈，第一～第八為美國籍的飛機專用，第九航廈也簡稱為B航廈(Tom Bradley International)，專攻國際航班使用。各航廈都有餐廳、店家、郵筒、行李儲物櫃和詢問台，並提供免費Wi-Fi上網及免費的電子設備充電站。除了第八航廈外，都有外幣兌換的服務。

不論從哪一個航廈出發，最方便的交通就是搭乘機場巴士或共乘巴士。每個航廈都有免費的接駁巴士，位於航廈的入境樓層，找到LAX Shuttle

機場接駁巴士(LAX Shuttle)連接點

巴士	連接點
A	各航廈樓
C	洛杉磯公車(Lot South / LAX City Bus Center)
E	停車場(LAX Economy Parking)
G	地鐵C線的Aviation站
X	停車場(LAX Employee Lots)

& Airline Connections，即可搭乘A Shuttle連接所有航廈，24小時服務，每10分鐘一班。

搭機場巴士

從各航廈的入境樓層出來，即可找到機場巴士(Flyaway Bus)的指標，在乘車等候處搭乘。可以連接至市中心的洛杉磯聯合車站(Union Station)，以及好萊塢(Hollywood)、長灘(Long Beach)，還有捷運的橘線(Orange Line)等，約30分鐘一班車，深夜每隔1小時一班，部分爲24小時營運。目前受到疫情影響，好萊塢和長灘兩條路線暫時停駛。到達聯合車站約45分鐘，單程票價約$9.75。

http www.flylax.com/flyaway

搭地鐵

由於洛杉磯機場本身沒有地鐵站，需要先搭機場免費接駁巴士的G Shuttle，到達地鐵(Metro Rail)綠線的Avaition站後，再搭地鐵前往市區。想轉接市區公車，則是搭乘G Shuttle，連接到公車中心(Metro Bus Center)再轉接其他公車。

http www.metro.net

搭共乘巴士

洛杉磯有數家經營機場接送的巴士公司，可依照不同的地點來選擇。同樣是在各航站入境樓層搭乘，從入境樓層出去後，找到Shared Ride Vans指標即可搭乘。上車前一定要先詢問好價錢，通常到市區約40分鐘，約$16，到迪士尼約$17，缺點是必須坐滿才會出發，所以要再加上等待的時間。

各家共乘巴士資訊▶

搭計程車

機場有數家計程車公司，有3個上車點。

- 在第三航廈和B航廈之間，Parking Structure 3 內的LAX-it lot。
- 第一航廈旁的LAX-it lot，可走路或搭免費的接駁車(LAX-it shuttle)前往。
- 第七航廈的入境樓層(行李轉盤外)。

租車

可上網先預訂，根據你的租車公司，在機場出來後在不同的地點等候租車公司的接駁車，帶你到租車的地點。從機場到迪士尼樂園約40分鐘，東區市中心約30分鐘，西區海邊約20分鐘。

需在入境樓層出來的分隔島上，紫色標誌「Rental Car Shuttles」下等候接駁車。此處租車公司包括：

租車公司	網址
Alamo	www.alamo.com
Avis	www.avis.com
Budget	www.budget.com
Dollar	www.dollar.com
Enterprise	www.enterprise.com
Fox	www.foxrentacar.com
Hertz	www.hertz.com
National	www.nationalcar.com
Sixt	www.sixt.com
Thrifty	www.thrifty.com
Zipcar	www.zipcar.com

網路叫車

若使用Uber、Opoli、Lyft叫車，需到第一航廈旁的LAX-it lot上車，可以走路或搭免費的接駁車(LAX-it shuttle)前往，接駁車在行李轉盤附近可搭乘。

洛杉磯國際機場大眾交通圖

圖片提供／洛杉磯國際機場

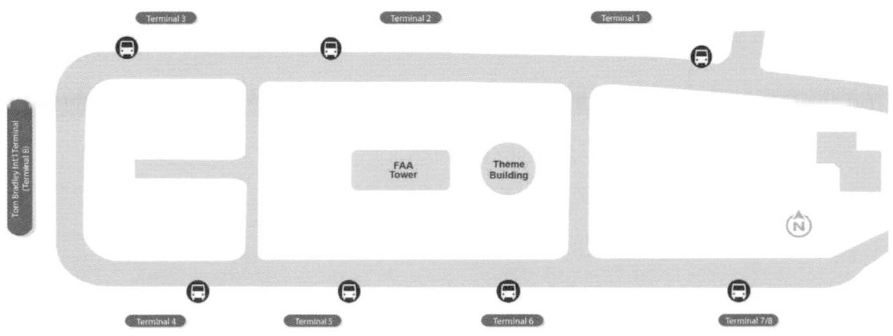

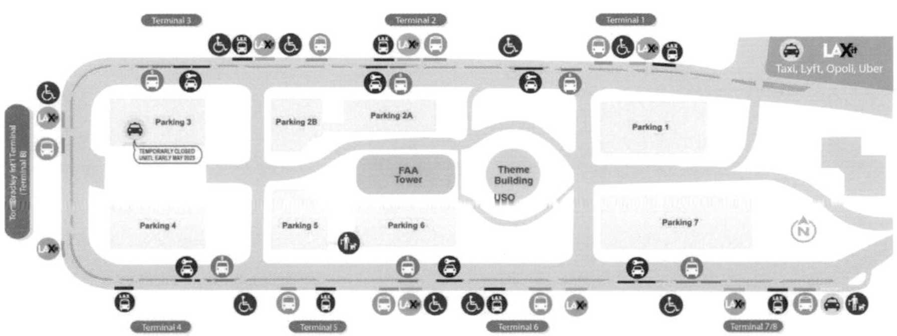

應用英語ABC

單字片語

Arrival(s) / Departure(s)　入境／出境
Transfer　轉機
Boarding Pass　登機證
International Flight　國際航線
Domestic Flight　國內航線

Check-in　報到
Boarding　登機
Customs　海關
Baggage　託運行李
Carousel　機場行李轉檯

Terminal　航站，飛機停靠站
Duty Free shop　免稅商店
Foreign Currency Exchange　外幣兌換處
Sight-seeing　觀光
For business　商務

Why did you come to America? / What is the purpose of your visit?
你為何來美國？／你來訪的目的？

Sorry! I can not speak English. Could you find someone to help me?
對不起，我不會說英文，你可以找人來幫我嗎？

How long will you stay in America?
你會在美國待多久？

10 days. / Two weeks.
10天／2個星期。

Where do you stay in America?
你在美國住哪裡？

XXX Hotel.
XXX旅館。

What do you do?
你的職業是？

I am a student.
我是學生。

Do you have anything to declare?
你有任何要申報的東西嗎？

Please open this bag. What are these?
請打開這個袋子。這些是什麼？

They are for my personal use.
它們是我的個人用品。

美國交通篇 Transportation

圖片提供／ Edrea Low

美國走透透，該用什麼交通工具？

藉由飛機、火車、巴士與汽車出租4種方式，就能在幅員遼闊的美國玩透透。除了教你可以怎麼玩，也要告訴你一些省錢小撇步，讓你玩得好好、花錢少少！

LEXINGTON AVE
TICKET MACHINES
tickets
Amtrak

美國地大物博，搭飛機就如同搭公車一樣便捷。

美國是世界領土第三大的國家，因此，除了開車之外，美國人最常使用的交通工具，就屬快捷又便利的飛機了。眾多的航空公司和密集的班次，除了因911事件而變得更嚴格的安檢之外，在美國坐飛機就像坐巴士一樣，既舒適又方便。

行家祕技 網上買票注意事項

- 注意買的票是直飛(Direct Flight)還是非直飛的，有的票價便宜是因為要轉機，飛行時間會拖很長。
- 選擇清晨和午夜起飛的飛機，當然比較便宜，但由於國內班機要提前2個小時到達機場，需事先算好到機場的交通問題。
- 購買的機票是不可更改的嗎？它的有效期限是多少？因為有些便宜票不能更改(non-changeable)和退換(non-refundable)。
- 美國班機最好7天前預訂，週一到週四出發，並選擇在目的地度過週五、週六的會更便宜，14天或21天前預訂會更便宜。美國飛行旺季是暑假和年底的聖誕節，此時機票都較昂貴。
- 網上買票需要信用卡，只要列印出最後成交結果或儲存至手機，向櫃檯報到即可。

路上觀察 機場自助式投幣推車

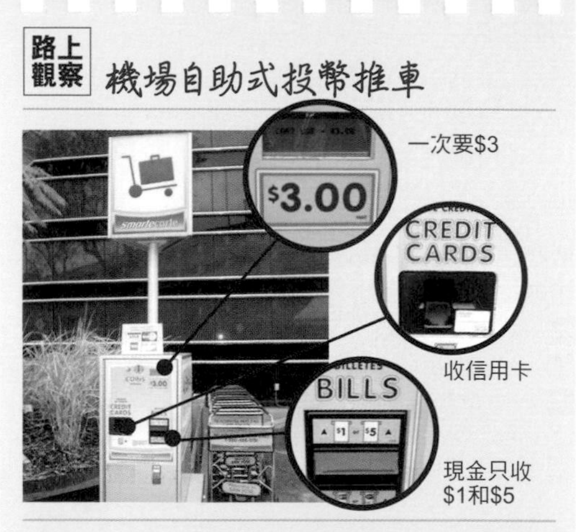

利用區域制的連票

如果想在美國旅行不只一個城市，中間又想以飛機來連接，在台灣買美國機票時就要先詢問連起來買票是否更便宜。某些航空公司會推出「區域制的票價」，意指只要買到美國單一城市的國際票價，就可額外搭乘國內線到其他城市，這些航空公司會將美國領土分成好幾個區域，你可以在劃定的區域內再額外搭乘到其他城市。

購買周遊券

某些美國的航空公司會推出套票，用於多個城市的飛機旅行較為划算，如美國航空(AA)、聯合航空(UA)等都有此服務。

找便宜機票

美國上網買機票非常普遍，有時國內機票大促銷，從洛杉磯到舊金山，單程票才$49，所以如果是美國多個城市的旅行，不一定所有機票都要在台灣先買好，可以只買頭尾兩段，其他利用美國國內航線的促銷票來連接，有時會撈到意想不到的大便宜。

10大機票比價網

所謂貨比三家不吃虧，美國有許多熱門的比價網站，可以從低到高依價錢排給你比價和選擇，無論是買同點來回的來回票，不同點來回的多城市連接票都可以。

- www.kayak.com
- www.cheapoair.com
- www.skyscanner.com
- www.bookingbuddy.com
- www.expedia.com
- www.travelocity.com
- www.airfare.com
- www.orbitz.com
- www.priceline.com
- www.onetravel.com

廉價航空

不一定要在同一個網站，購買來回票，有時去與回選擇不同航空公司的單程機票，加起來反而會更便宜。

航空公司	簡稱	電話／網站
捷藍航空 JetBlue Air	B6	1-800-5382583 www.jetblue.com
西南航空 Southwest	WN	1-800-4359792 www.southwest.com
邊境航空 Frontier	F9	1-801-4019000 www.flyfrontier.com
精神航空 Spirit Airlines	NK	1-801-4012200 www.spirit.com

行家祕技 比價網站常見英文對照表

＊以下畫面取自 http://www.travelocity.com

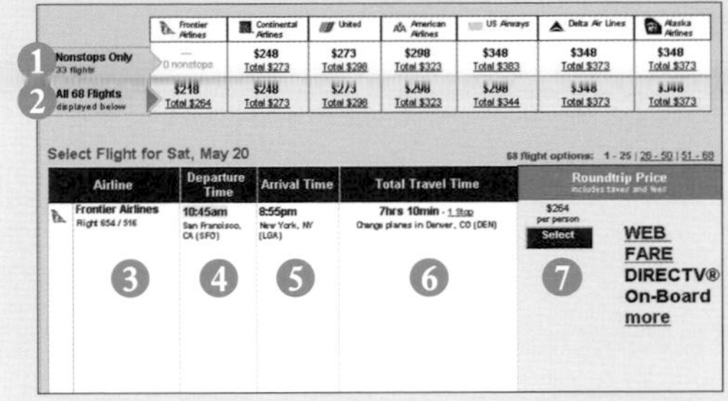

1. 33班直飛班機，價錢從低排到高
2. 共搜尋到68班次，條件如下，價錢從低排到高
3. 班機編號
4. 起飛時間
5. 到達時間
6. 飛行時間，一個轉機點，在丹佛轉機
7. 來回票票價

1. 班機
2. 飛機+飯店
3. 飯店
4. 租車
5. 啟程地
6. 目的地
7. 周圍機場比較
8. 實際日期
9. 前後1～3天
10. 日期彈性
11. 啟程日、時間
12. 回程日、時間
13. 成人票數、兒童票數、老人票數
14. 搜尋班機
15. 搜尋班機+飯店

美國航空公司一覽表

航空公司	簡稱	美國免付費電話	網站
美國航空 American Airlines	AA	1-800-4337300	www.aa.com
阿拉斯加航空 Alaska Airlines	AS	1-800-4260333	www.alaskaair.com
達美航空 Delta Airlines	DL	1-800-2211212(國內航線) 1-800-2414141(國際航線)	www.delta.com
聯合航空 United Airlines	UA	1-800-5210810(國內航線) 1-800-5382929(國際航線) 1-800-4265560(中文專線)	www.united.com
夏威夷航空 Hawaiian Airlines	HA	1-800-3675320	www.hawaiianairlines.com

＊以上資訊時有異動，以官方最新公告為準。

行家祕技 行李費用看清楚

美國國內航空每家託運行李的規定都不一樣，購票前一定要衡量清楚，否則有時加上託運行李費，就未必是最便宜的票價了。

基本上，隨身行李都是免費一件，且重量不計，但尺寸則有規定，另外，還可以多一件私人項目(Personal Item)，例如小型的電腦包或皮包等，同樣免費。託運行李通常第一件就要$30，有些航空公司託運越多費用越貴。除了在各家航空公司網站可查詢相關規定，也可以到www.airline-baggage-fees.com查詢，有各家航空公司的行李收費標準，非常好用。

美國國內線行李收費比較

航空公司	隨身行李Carry-On Baggage (經濟艙旅客)	託運行李Checked Baggage (美金／每件限重23公斤／50磅)
西南航空 Southwest	免費，限1件(10 X 16 x 24吋)	首2件皆免費
美國航空 American Airlines	免費，限1件(14 X 9 X 22吋)	第1件$30，第2件$40
捷藍航空 JetBlue	免費(限小型電腦包或小皮包)， 大型隨身行李$65	第一件$35，第二件$45
聯合航空 United Airlines	免費，限1件(14 X 9 X 22吋)	第1件$30，第2件$40

＊以上資訊時有異動，以官方最新公告為準。有關美國行李禁止攜帶物的種種規定，可到www.airsafe.com查詢。

Amtrak行李條件規定

行李種類	件數	重量限制	大小(英吋)
私人物品 Personal Items	2件	25磅(12公斤)	14x11x7
隨身行李 Carry-On Bags	2件	50磅(23公斤)	28x22x14
託運行李 Check-in bags	4件(2件免費，2件收費，每件美金20元)	50磅(23公斤)	75(長+寬+高)

＊以上資訊時有異動，以官方最新公告為準。

美國國鐵Amtrak

乘美國國鐵，從東到西輕鬆橫越大美國。

想搭火車玩美國一圈，選Amtrak就對了！這個往往出現在美國電影裡的懷舊影像，雖然不及歐洲火車來得先進和準時，但它悠悠哉哉的風情，及能連接全美國各大城市的優勢，深得許多美國退休老人及自助火車旅行族的喜愛。

Amtrak以景色著稱

這條美國大陸的橫貫鐵路，路線從東到西、從南到北，遍布美國全州，路線長長短短共有30多條，其中以美國中部的芝加哥(Chicago)爲轉接的大本營，東、西岸火車在此轉接，就可從東到西橫越無阻，唯一一條不須轉接，可直接從東到西的路線，是「Sunset Limited」，此列車由東岸的紐奧良(New Orleans)出發，可以直達西岸的洛杉磯(Los Angeles)。不論任何路線，要橫跨美國，都需要4天3夜。

由於乘坐火車的時間長，因此最好選擇風景優美與有口碑的路段搭乘，否則冗長的火車時光不免顯得單調無聊。Amtrak以景色著稱的路段有：

- **Adirondack線：**這條路線曾被國家地理雜誌評選爲「世界10大最佳鐵路風光」之一。
- **海岸星光號Coast Starlight：**號稱全Amtrak鐵路最美的路段之一，尤以西雅圖(Seattle)到波特蘭(Portland)間的路段著稱。
- **加州和風號California Zephyr：**以丹佛(Denver)以西的風景，最膾炙人口。
- **Empire Builder號：**以景色優美著稱。

▲San Jose的Amtrak火車站

Amtrak資訊看這裡

http www.amtrak.com

1-800-872-7245

AMTRAK APP

可購票、查詢列車到站時刻、直接感應手機電子票即可上車。

▲全國路線圖

＊以上資料時有異動，以官方最新公告為準。

搭 Amtrak步驟 Step by Step

Step 1 購買車票

火車票價依時間、路段而不同，可利用官網、APP，或透過車站售票亭、旅行社等方式購買。用手機下載APP買票是最方便的，購票完成後，手機會收到一個QRcode條碼，上車時掃QRcode即可。

一般來說，提早預訂可獲得最優惠的票價，通常在旅行前11個月內可以進行預訂，票價一般在例假日和旅遊高峰期間較貴。

Step 2 至月台搭車

列車到站前5～15分鐘才會通知是在幾號月台上車，要隨時注意廣播，因爲火車時常誤點，最好從家裡出發前先上網查詢你的班車。

請確保所有行李都掛上行李牌，並寫上姓名和地址。必須在列車出發時間(按時刻表)至少45分鐘前進行託運。如果要轉車，需至少預留2小時的中途停留時間，以確保行李送達轉車車站。18歲以上乘客，搭車時記得攜帶護照或有照片的身分證件以利查驗。(行李條件規定詳見P.72)

Step 3 注意聽廣播，下車

有些車上沒有先進的電子看板，所以必須仔細聽廣播，否則容易坐過站，一些路線一天只有一班火車經過，如果坐過站就非常慘了！

Amtrak全國路線圖

圖片提供 / Amtrak

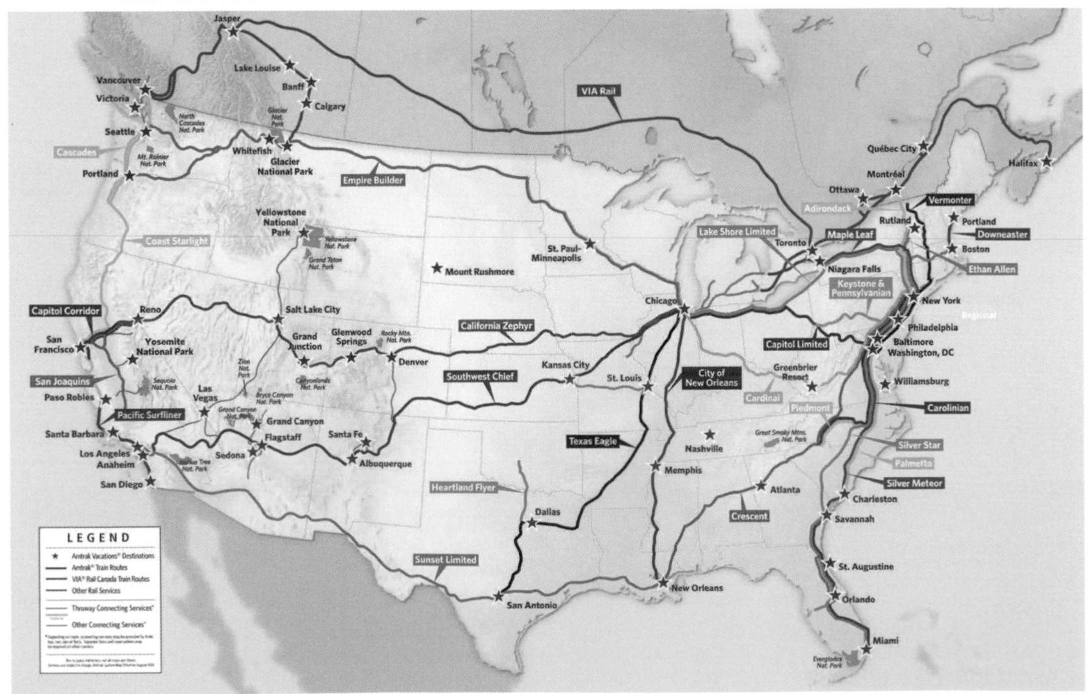

Amtrak火車內裝設備

比起飛機狹窄的座位，Amtrak火車的座位寬敞舒適，尤其某些路線的長程火車，如海岸星光號(Coast Starlight)、Sunset Limited號和由華盛頓D.C.出發的Capital Limited號等，都是兩層的Superliners火車，這類火車因爲是兩層樓的設計，所以視野更廣、更高，由車窗眺望風景，眞是心曠神怡。

▲車上備有餐車(Dining Car)和零食吧(Sightseer Lounge)，以供應美式食物為主

▲將近180度視野的觀景車廂，看風景不用轉頭看。風景真的好壯觀喔

▲因為是長程火車，所以備有睡舖房和淋浴間讓你睡覺、休息，還可以省旅館費呢

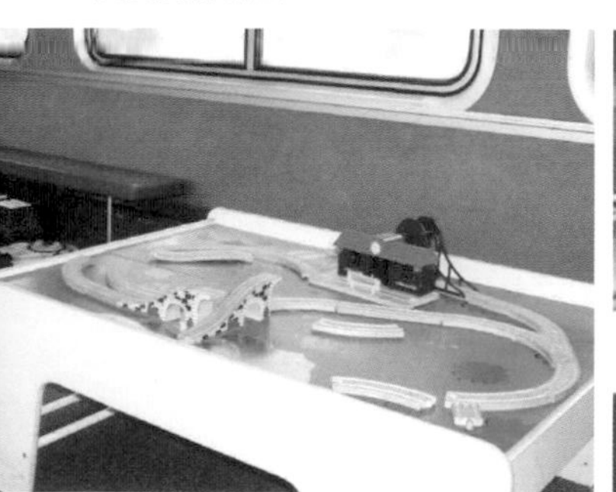

▲孩子們超愛的玩樂房(Kiddie Car)，裡頭有好多玩具

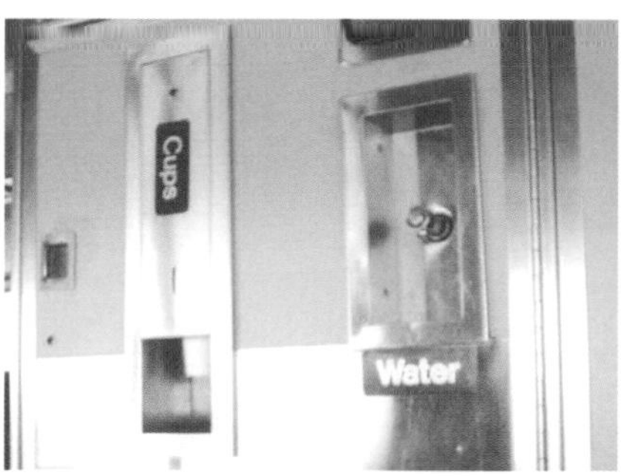

▲車上提供網路、電插座、行李間、廁所、飲水、報紙、和冷暖氣等

▲觀景車廂內有180度的超大觀景車窗，座位面向窗戶，看風景不用轉頭

▲宛如飛機的座位，但空間更大更舒適

▲大型的行李通常要放在一樓的行李間

▲火車上可以買到Amtrak的模型紀念品

購買Amtrak車票

選擇列車時要注意，時常誤點2、3個鐘頭是Amtrak的特色，千萬別把行程排得太緊；如果要選在火車上睡覺，通常是兩層樓的Superliner和一層樓的Viewliner火車才有臥鋪，需注意察看火車的Amenities，選擇適合的臥鋪。

臥鋪種類	容納人數	廁所	淋浴間
Roomette	2大	無	無
Bedroom	2大	1	1
Bedroom Suite	4大	2	2
Family Bedroom	2大2小	無	無
Accessible Bedroom	2大	1	無

行家祕技　Amtrak鐵路通票超省錢

如果想要搭火車環遊全美，選擇美國鐵路通票(USA Rail Pass)就對了！可以在30天內搭乘10次，任選Amtrak有到的地點搭乘(共500個目的地)。

只想在加州遊覽，選擇加州鐵路通票(California Rail Pass)會更便宜，無論是從聖地牙哥(San Diego)到舊金山(San Francisco)，或從太浩湖(Lake Tahoe)到洛杉磯(Los Angeles)等， 可21天內任選7天搭乘，玩遍全加州，暢行無阻。

若需兩個目的地之間多次搭乘，還可選擇多程通票購買更省錢，詳情可上網查詢。

http zh.amtrak.com/deals-discounts/multi-ride-rail-passes.html

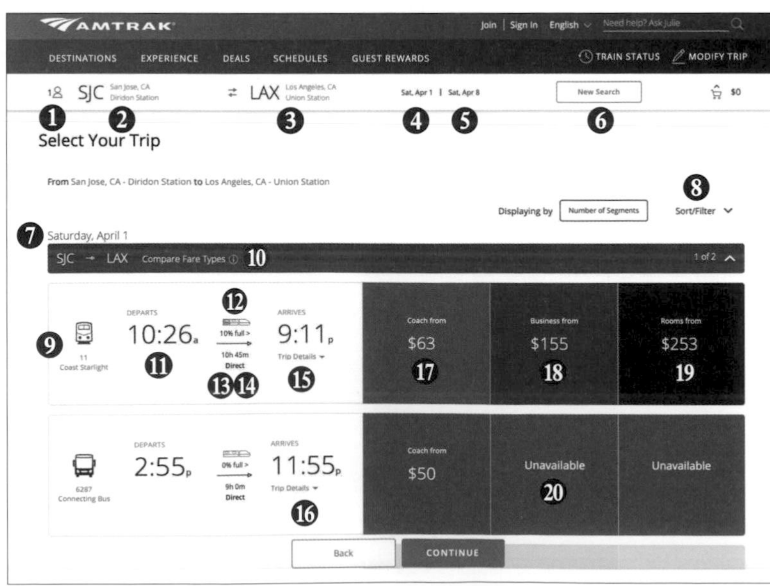

1. 乘客數
2. 啟程地
3. 目的地
4. 啟程日
5. 回程日
6. 新搜尋
7. 出發日
8. 有條件搜尋
9. 列車編號+列車名(顯示Mixed service為混合列車服務)
10. 票價比較說明
11. 出發時間(a=AM，p=PM）
12. 滿座率
13. 乘車時數
14. 直達車(「2 segment」表示有兩段轉接)
15. 到達時間
16. 行程細節
17. 普通車廂票價
18. 商務車廂票價
19. 房間票價
20. 不可用

Amtrak鐵路通票大比拼

種類／名稱	美國鐵路通票 USA Rail Pass	加州鐵路通票 California Rail Pass
搭車範圍	全美國，可到達超過500個目的地	加州境內(Capitol Corridor、San Joaquins和Pacific Surfliner列車，Coast Starlight部分路段)
天數限制	30天。購買後120天內使用，第一次出發後30天內有效	7天。購買後1年內使用，第一次出發後21天內有效
行程段限制(segments) / 搭乘次數	10次	21天內任7天可搭乘(同一天內的任何時間段旅行都按一天計算)
價格	$499	$159
其他限制	■限普通車廂(不含商務車廂及私人房間) ■可上網購票	■普通車廂，可加價升等至商務車廂或臥舖 ■無網上購票，需洽旅行社或電1-800-872-7245
網址	pse.is/4wpvmv	pse.is/4vrtdc
電話	1-800-872-7245	1-800-872-7245

＊以上資訊時有異動，以官方最新公告為準。

在美國想來趟巴士旅行，搭灰狗就對了！

灰狗巴士(Greyhound)創立於1914年，擁有北美2,400個據點，每年服務上千萬乘客，其銀灰狗跳躍動作的商標儼然已成為美國的象徵，想來趟公路旅行，搭灰狗就對了。除了遍布美國之外，更跨境到加拿大和墨西哥。2021年被德國Flixmobility公司收購，灰狗巴士迎向更現代化的經營。

灰狗巴士資訊看這裡

灰狗巴士官方APP，可購票、直接感應手機電子票即可上車。

www.greyhound.com

一般諮詢、美國免付費電話 1-800-2312222

國際旅客撥打專線 (214)849-8100

▲全國路線圖

＊以上資料時有異動，以官方最新公告為準。

購買灰狗巴士車票

上網購買

可上網購票，或手機下載官方APP購買電子票(E-Ticket)，上車時直接感應手機即可，再也不需要紙本車票了。記得手機要保持有電的狀態，在發車前2小時用手機先報到Check-in。電子票是最簡單方便的，也可自行列印。

電話購買

1-800-2312222(免付費電話)、(214)849-8100(國際旅客可打這個電話)，開放時間05:00～凌晨01:00)，但須有信用卡。

巴士站購買

最好在發車前2小時購買。

行家祕技 看懂手機電子票

1. 登車口
2. 乘客姓名
3. 啟程地
4. 目的地
5. 預約號
6. 日期時間
7. 電子票條碼
8. 會員號碼
9. 票位等別
10. 行李條件

行家祕技 訂票小撇步

1. 別把行程訂得太緊，尤其要轉接巴士時要預留充分的時間。
2. 某些灰狗巴士站的治安不佳，要先安排好到站後的交通，不要選太晚的到站時間。
3. 巴士共有3種票價，選擇最適合你的票種，當然好處更多的就更貴。

灰狗巴士行李收費比較

種類／票種別	Economy	Economy Extra	Flexible
隨身行李	1件(免費)	1件(免費)	1件(免費)
託運行李	第1件(免費) 第2件($20) 第3件($20)	第1件(免費) 第2件($20) 第3件($20)	第1件(免費) 第2件(免費) 第3件($20)
條件	不可取消及更改日期(No Refundable)	改日期($20)	改日期(免費)
選位	-	優先上車選位權	優先上車選位權

＊以上資訊時有異動，以官方最新公告為準。

行家祕技 車票便宜買

省錢1 避開週末與假日

週一～四或避開假期票價較便宜。

省錢2 2人同行更便宜

有時會推出Companion Fare兩人同行減價活動，第二個人票價半價。

省錢3 提前買票

提前14天買票，將可省下約25%的票價，提前7天買票，可以省下約10%的價錢。

省錢4 隨時上網查詢好康優惠

隨時查詢灰狗網站，常常會有某些往返城市的特價票等，網站買票須3天前訂購。

省錢5 套裝旅館撿便宜

上網搜尋與灰狗公司合作的旅館套裝行程(Hotels and Packages)，有時有些旅館會特別配合，推出折價住宿的優惠。

省錢6 認真比價過再下手

除了灰狗巴士之外，美國還有許多不同的巴士公司也常有優惠活動，像是Mega Bus就常推出$1的巴士，最叫人心動；FlixBus曾推出西雅圖到加拿大溫哥華的路線，只要$18，另外還有盛行於東岸的Peter Pan Bus、美國東北與西北部的Bolt Bus，或是Trailways Bus等。事先上網查價，貨比三家不吃虧。

http www.gotobus.com

灰狗巴士乘車須知

- 不提供劃位，先到先選，但是購買Economy Extra和Flexible Fare這兩種票種的乘客可以優先登車。
- 除車票外，最好攜帶護照或ID，有時會查驗。
- 出發前2小時需Check-in，可用手機報到或至櫃檯報到。
- 通常在發車時間的20分鐘前會開放上車，所以提早到就能搶到好位子。
- 車上提供免費Wi-Fi和充電設備，透過車上的電子娛樂系統，可以用自己的手機、電腦或平板欣賞電影、打遊戲和播放音樂。最好自備耳機，避免干擾到其他乘客。
- 行李上需掛有Claim Check和Identification Tag，可以向車票櫃檯索取。
- 行李限制：

行李種類	數量	費用	重量限制
隨身行李	限1件	免費	最多25磅
託運行李	最多3件	第一件免費，每增加1件行李收費$20(購買Flexible Fare票種，則第二件行李也免費)	每件不超過50磅

美國巴士公司資訊這裡查

Mega Bus
http us.megabus.com
☎ 1-877-4626342

FlixBus
http www.flixbus.com
☎ 1-855- 6268585

Trailways Bus
http www.trailways.com
☎ 1-703-6913052

＊以上資料時有異動，以官方最新公告為準。

開車

開闊的自然風景、完善的道路系統，在美國開車是一種享受。

美國是全世界最喜歡開車旅行的國家，開闊的道路、完善的停車位、禮讓的態度，在美國開車旅行，實在是一種享受。如果想在美國開車旅行，首先須在國內監理處辦好一張國際駕照，準備好護照、信用卡、台灣的駕照正本，就可以租車上路囉！

一般在機場、大飯店都會有租車(Car Rental)櫃檯，但建議最好在網站上先租好車，以免當時沒有你要的車子。美國許多的租車公司都是全美連鎖的，因此，租車和還車地點可以是不同的。

汽車租賃

全國連鎖租車網站

我的經驗是Dollar和Budget租車比較便宜喔！www.carrentals.com網站會依序查出各租車公司的價錢，非常實用。

租車公司	網址
Hertz	www.hertz.com
Avis	www.avis.com
Dollar	www.dollar.com
Budget	www.budget.com
Alamo	www.alamo.com
National Car Rental	www.nationalcar.com

租車條件

租車公司一般只租給21歲以上有駕駛執照的人，有的租車公司甚至會要求25歲以上；租車者須準備駕駛執照(或國際駕照)、護照及信用卡擔保，沒有信用卡者須預付大量的現金。

租車費用

租車費的計算，是按照車種、租用時間、租用地點和還車地點而不同。通常租1天最貴，租期越長越便宜；租期若跨過星期六、日或假日，會比較便宜；事先上網預約更便宜。別忘了問你當地的朋友，有沒有AAA卡(American Auto-mobile Association)，用AAA卡租車會有折扣。

租車保險

一般租車的費用通常已含汽車險，但保費很低，有時服務員會建議你加保任意汽車險，你可以按照你自己的需要加以考慮。可以考慮的任意汽車險包括：

- LIS第三責任險
- PAI(Personal Accident Insurance)人身意外傷害保險
- LDW(Loss Damage Waiver)或DW(Damage Waiver)車輛遺失及損害保險
- PEC(Personal Effects Coverage)或PEP(Personal

Effects Protection)個人財物保險

■ALI(Additional Liability Insurance)或SLP(Supplemental Liability Protection)，增高責任險的保障額度

一般PAI、PEC、ALI、LIS的保費都不高，PAI和PEC還包括在本身已保國外旅遊意外險的項目內，LDW是最貴的，卻也是最値得加保的。

如何租車

攜帶駕照、護照及信用卡到租車櫃檯辦理手續，已在網上預約者，要攜帶預約確認書，塡寫、簽名相關表格後，到停車場領車。領車時要察看車體有沒有損傷，若發現損傷，要請服務人員在合約上先註明。別忘了向租車公司索取免費的周邊地圖。

如何還車

如果沒有把車還到當初講定的還車地點會被罰款；取車時多爲滿油箱，還車時租車公司也會要求你將油加滿歸還，否則要收你加油服務費。

開車上路

美國和台灣一樣是靠右行駛，但某些標誌和習慣與台灣不同。時速是以英哩計算，一般市區是25～35英哩(40～55公里)，高速公路是55～65英哩(85～100公里)。

■**Stop Sign：**看到這個標誌就得先停下來，看看四方的車輛，誰先到誰先行，這是美國非常常見的標誌，不懂就糟啦！

■**No Turn on Red：**右線無論紅綠燈都可以右轉，只有在路口看見No Turn on Red的標誌時，紅燈才不可以右轉，這和台灣大不同。

■**中間車道左右轉：**路中央畫著外實線、內虛黃線的是中間道，供左右轉車輛駛入轉彎。

■**Turn Overhead：**車輛換車道時，一定得打方向燈，駕駛人除了看照後鏡外，還必須回頭看(turn overhead)。考美國駕照時，若駕駛人換線沒有回頭，馬上當掉。

■**Carpool Lanes：**這是高乘載線道，多爲白色菱形的標誌，上頭會註明最少的乘客數目及實施的時間，又稱爲Diamond Lands或HOV Lanes。如果在實施時間內，汽車內的人數少於註明最少的乘客數，就會被罰。

■**Seat Belt & Car Seat：**在加州，駕駛員和乘客都必須繫上安全帶，小孩未超過8歲，或身高未超過4呎9吋(約145公分以下)須坐安全座椅，13歲以下的小孩不可坐在前座，否則都會受罰。

■**Police Car：**如果遭交通警察攔下，不可下車，請靜坐在位子上，雙手放在方向盤上，搖下車窗，靜待警察的詢問，因爲下車可能會被警察視爲有反抗與逃跑的企圖，有人眞的因爲這樣而遭警察槍殺。

貼心 小提醒

No Parking any time

有「No Parking any time」標誌處禁止停車；畫紅線者禁止停車和暫停、黃線禁止停車、綠線可以暫停20分鐘、藍線是殘障專用停車位，亂停的罰款超高。市區的停車費通常都很貴，往往一天會花費$20～25或以上。

上坡停車時，輪胎須轉向路面

在舊金山停車有特別規定，規定上坡停車時，輪胎須轉向路面，下坡停車時，輪胎要朝向路邊行人道，搞不清楚的話，可以看看別的車子是怎麼停的；如果上、下坡停車時輪胎沒有轉向，在舊金山可是會受罰的喔！

行家祕技 美國交通標誌&停車標誌大圖解

▲禁止迴轉

▲單行道

▲請繞路

▲最高速線30英哩

▲腳踏車道

▲右道必須右轉

▲前有紅綠燈

▲人行道

▲680號南向高速公路

▲任何時間不准停車

▲禁止停車時間區段

▲殘障停車位

▲鐵路平交道

▲停止標誌－先停下，誰先到誰先走

▲舊金山下坡停車，車輪須斜轉人行道，否則會被罰

▲禁止進入

上路前，考一考

台灣與美國的交通號誌各有異同，看圖選出對的說明文字，看看自己能拿到多少分數？

(考題摘錄自美國監理所DMV的交通標誌路考試題)

正確答案請見 P.85

LEFT TURN YIELD ON GREEN

第一題

( ) A. 欲左轉，綠燈亮才行動

( ) B. 欲左轉，綠燈亮且無來車才行動

( ) C. 欲左轉，綠燈亮時要特別小心

第二題

( ) A. 前面無路，準備轉彎

( ) B. 前面是四方交叉口

( ) C. 前面請禮讓

第三題

( ) A. 右車道前面結束，請慢慢插入左車道

( ) B. 左車道前面結束，請慢慢插入右車道

( ) C. 沒有路肩

第四題

( ) A. 前面道路結束

( ) B. 前有峽橋

( ) C. 前有高速公路分隔島

第五題

( ) A. 禁止通過

( ) B. 禁止停車

( ) C. 前面道路封閉

第六題

( ) A. 禁止卡車通過

( ) B. 卡車需禮讓

( ) C. 前有坡路

第七題

( ) A. 所有車輛須減速並移往右車道

( ) B. 車速較慢的車輛須保持在右車道

( ) C. 前有減速標誌

第八題

( ) A. 前有大直角轉彎，車輛限速 25mph

( ) B. 前有坡道，車輛限速 25mph

( ) C. 前有陡峭道路，車輛限速 25mph

第九題

( ) A. 前有上坡道

( ) B. 前面道路雨天路滑

( ) C. 前面道路經過大風口

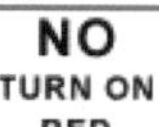

第十題

( ) A. 禁止右轉

( ) B. 紅燈時禁止右轉

( ) C. 紅燈時可以右轉

第十一題

( ) A. 右邊有道路匯入

( ) B. 禮讓右邊來車

( ) C. 道路結束準備轉彎

第十二題

( ) A. 前面道路結束

( ) B. 前面有穿越道

( ) C. 前面有施工路段

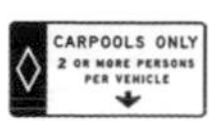

第十三題

( ) A.HOV 高乘載車道，限 2 人或 2 人以上乘客車輛行駛

( ) B. 此車道有 2 人以上乘客的車輛不能行駛

( ) C. 此車道僅限有電子付費裝置的車輛行駛

第十四題

( ) A. 減速到不超過 15mph

( ) B. 立刻迴轉

( ) C. 開始注意繞路標誌要準備轉彎

第十五題

( ) A. 雙向車道

( ) B. 前有單行道

( ) C. 前有穿越道

加油自己來

美國的加油站一切都要自己來，油的種類共有3種，分別是87(普級)、89(中級)和91(最高級)，大部分的美國人都是以信用卡或提款卡加油，一切自己來；當然，你也可以到櫃檯去付錢，以現金或刷卡來加油。

▲**加油站有廁所、打氣機、公用電話、販賣零食處，有的還附設修車服務，就算同一家加油公司在不同地點，油價也會不同，通常越靠近高速公路出口的加油站越貴。**

信用卡自助加油步驟 Step by Step

插入信用卡

插入信用卡後看到「Remove Card quickly」時迅速抽出。有的加油機在插入信用卡後，會要求你再輸入郵區號碼(Zip Code)，若你是國外信用卡，沒有美國郵碼的話，就必須到櫃檯去刷信用卡。

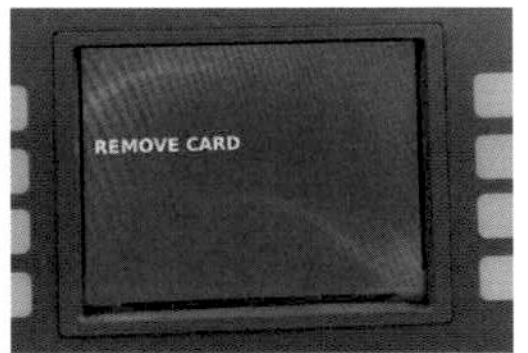

打開油箱蓋，選擇油槍

有的機器有3支油槍，選擇你要的油等級下面的油槍，再將油槍底座的鐵桿往上扳(此爲安全閥)，即可開始加油，只有1支油槍的機器，就要先按鈕選擇你要的油種，再開始加油。

開始加油

握緊油槍，開始加油，油滿後會自動停止，最後機器上會顯示「Would you like a receipt? Yes or No」(是否列印收據？)

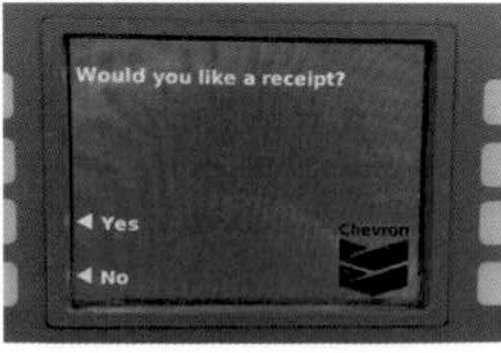

櫃檯現金加油步驟 Step by Step

確認加油機編號

將車先停在加油機旁，看好加油機上頭的編號(Pump No.)。

告知加油量

告知櫃檯你的加油機編號以及加油量，如果要加滿就說「Fill up」，一般車子的油箱約在12～15加侖之間，你可以按當時油價約略推算出加到半滿或加滿是多少錢，也可告知櫃檯加到多少錢，如「Fill to 20 dollars」。

精算付費

開始加油。回櫃檯精算，付現或刷卡。

發生狀況怎麼辦？

車壞了！爆胎了！

先找出你現在的位置，如哪條街？哪個高速公路出口？打電話先通知你的租車公司，請他們協助尋找附近的拖車公司(tow car company)，幫你拖到最近的修車廠。

迷路了！

事先閱讀好地圖很重要，如果車上沒有GPS，又沒有智慧手機，最好先上網www.maps.yahoo.com或www.maps.google.com，打上你所在地和目的地的地址，就會有地圖和非常詳細的道路行駛指示。這也可運用在搭乘Amtrak火車和灰狗巴士上，只要先查出到達火車站、公車站和你旅館的地址，就可以透過這個網站，找出它們的距離、行車時間和路線。

應用英語ABC

單字片語

First Class / Business Class / Economy
頭等艙 / 商務艙 / 經濟艙
One Way / Round Trip　單程票 / 來回票
Fare　票價
Number of Stops　幾個轉機點
Departure Date / Arrival Date　出發日期 / 到達日期
Adult / Senior / Children　成人票 / 老人票 / 兒童票
Infant in a seat　嬰兒不占位
Restrictions　限制條件
Discount Code　折扣編號
Gas Station / Gas pump　加油站 / 加油槍
Gas　汽油
Tank　油箱
Unleaded petrolr / Diesel fuel　無鉛汽油 / 柴油
Flat Tire　爆胎
Toll　收費道路

應用會話

Where is the nearest gas station?
哪裡有最近的加油站？

Please fill the gas up.
請將油箱加滿。

Please fill to 20 dollars.
請加油20元。

Please inflate the tires.
請將輪胎充氣。

Please check the oil level.
請檢查油箱的存量。

Please jack up the car.
請用千斤頂將車子頂高。

Please open the trunk.
請打開後車廂。

The pump number 5 is not work.
第5號的加油機有問題。

P.83 交通測驗正確答案

1. B
2. A
3. A
4. B
5. B
6. C
7. B
8. A
9. B
10. B
11. A
12. B
13. A
14. C
15. A

城市交通篇 Transportation

在紐約、舊金山、洛杉磯，如何搭車？

紐約、舊金山與洛杉磯是自助旅行最重要的3大城市，四通八達的地鐵與公車路線，讓你想去哪裡就去哪裡。弄清楚自己要去的地方，買到最划算的票卡，就能輕鬆穿梭來去！

圖片提供／ Wenny Chen

紐約市區交通

紐約地鐵和公車是24小時營業，四通八達的地鐵，已經成為紐約生活的一部分。

圖片提供／Allen Yeh

紐約交通卡

自2019年起，紐約即開始積極部署OMNY系統，目前已在地鐵站安裝了一萬多台OMNY讀卡機，透過OMNY機台，可使用OMNY卡、信用卡、銀行卡、手機行動支付搭乘地鐵和公車。預計會逐步淘汰舊有的購票系統，原先的Metro Card將逐漸被OMNY取代。

地鐵票價爲$2.75，特快巴士$6.75。因受新冠疫情影響，現在官方鼓勵民眾優先使用無接觸性的OMNY卡、信用卡或行動支付搭車，並提供獎勵機制。只要使用同一張卡片，並且從OMNY機台搭車，在一週時間內(週一12:00起算～週日11:59止)，總共支付車費達$33，就可以在同一週剩餘的時間裡免費乘車。

圖片提供／Stephanie Liu-Cossart

Metro Card

Metro Card是傳統的紙式儲值票卡，可在各車站售票機購買，第一次購買需支付空卡費$1。部分售票機不收現金，僅接受信用卡和銀行卡。

OMNY卡

最新的OMNY系統，票卡在Walgreens、CVS、7-Eleven、CFSC Check Cashing都有販售，其他購買地點可查詢官網。使用前，先在網上註冊帳號，註冊時須加入付款方式。搭車時用OMNY卡輕觸OMNY機器螢幕，即自動扣款。金額不夠時只要上網登入帳號，用信用卡加值即可。

http omny.info

信用卡、行動支付

OMNY機器也接受信用卡、銀行卡或行動支付，非常方便。將卡片或手機輕觸機器螢幕，螢幕上出現「GO」即扣款成功。**請注意** 信用卡或銀行卡的正面或反面上，必須有橘色的Contactless符號，才能用於OMNY的機器。

以上圖片提供／紐約 MTA 官網

Metro Card機型解析

可收現金、信用卡和提款卡

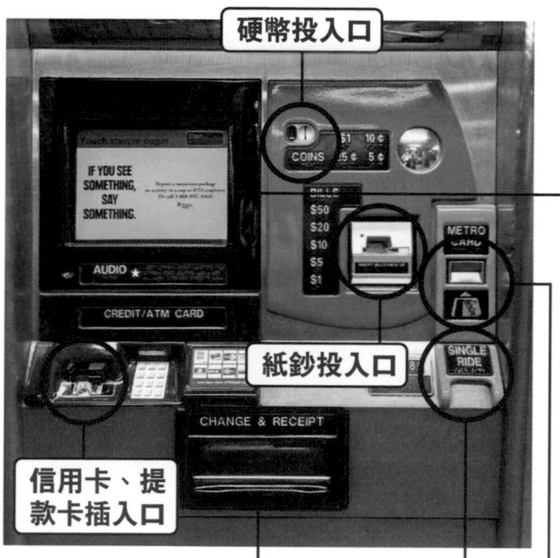

觸控式螢幕

可選擇中文，直接碰觸螢幕即可操作。儲值卡有以下幾種：

- **$5～80的Pay-per-Ride Metro-Card**
  儲值式卡片。空卡費用$1，2小時內公車與公車或地鐵間可免費轉乘。卡片內最低餘額需維持$5.5。
- **7天或30天的Unlimited Ride Metro Card**
  在特定天數內可無限次搭乘地鐵和公車。
- **7天的Express bus Plus Metro-Card**
  7天內可無限制搭乘特快巴士(Express Bus)、普通巴士和地鐵。
- **自動加值的EasyPayXpress Metro-Card**
  當票值低於某個數字時，會從信用卡自動補到一定數額，首次使用須先上網申請。

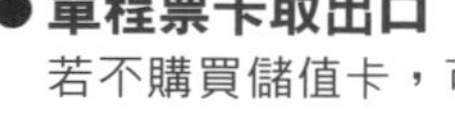

找零與收據取出口

記得列印收據，若操作期間產生問題，機器也會自動列印收據、闡述問題，所以要將收據保留好。機器最多只能找零錢至$9，且找回的是硬幣不是紙鈔。

儲值卡取出口

單程票卡取出口

若不購買儲值卡，可買單程車票$3(Single Ride Ticket)，此車票只在車站的售票機出售。

只收信用卡和提款卡

- **觸控式螢幕**
- **收據取出口**
- **儲值卡取出口**
- **信用卡、提款卡插入口**
  使用信用卡買票，會要求輸入郵區號碼(Zip code)，若你是使用國外信用卡，只要輸入99999即可。

紐約大眾交通資訊這裡查

http new.mta.info
(877) 690-5116
(212)878-7000(國外旅客)

地鐵路線圖 ▶

＊以上資料時有異動，以官方最新公告為準。

搭乘紐約地鐵步驟 Step by Step

Step 1 尋找地鐵入口

注意地鐵站入口處的標誌說明，縱使地鐵是24小時營運的，但有些入口和票務亭並非全天24小時開放，要清楚自己的目的地是在上城區還是下城區，如果是前往下城區，就別走進標示「Uptown Only」的入口。

Step 3 月台等車

列車尖峰時間約2～5分鐘一班，離峰5～10分鐘，午夜到清晨是20分鐘一班。朝指示牌前進，如上城（Uptown，指北向Northbound）、市中心（Downtown，指南向Southbound）、Brooklyn-bound……等。

Step 2 刷卡進月台

刷儲值卡，或使用OMNY系統，螢幕出現「GO」字時，即可進入。

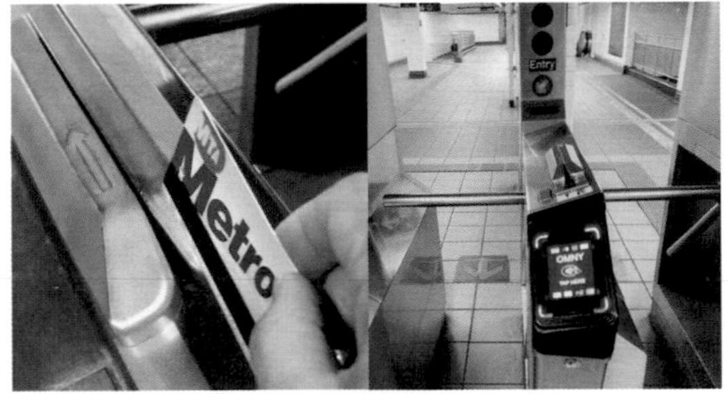

圖片提供／ Stephanie Liu-Cossart（右圖）

貼心小提醒

紐約地鐵注意事項

- 夜晚最好在Off-Hour Waiting Area區域候車，站員可以看到此區，比較安全。
- 離峰時搭車，最好坐在較安全的第一車廂(有駕駛員)，或中間車廂(有列車員)。
- Metro Card還可以獲得某些博物館或餐廳的折扣喔！優惠內容可上網查詢。

Step 4 上車

列車前方和側方都標示有路線號碼，看好不要搭錯了。另外，快捷列車(Express Train)不是每站都停的，在路線圖上要先看清楚。

Step 5 下車

注意聽列車員的廣播及電子看板，每節車廂均有路線圖，不要搭過站了。地鐵下車後2小時內轉接公車免費。

紐約公車

紐約的公車是兩節式的，後門僅供下車使用。上車時，若持Metro Card刷卡，則背面的黑色磁帶要朝向你的右側，卡片正面向著你，刷完卡之後，刷卡機上會顯示金額、餘額及卡片的到期日。下車前可拉窗戶之間的帶子(Tape strips)，或是按柱子上的停車鈕。紐約公車有自動升降的平台，所以即使坐輪椅也可以搭公車喔！

紐約大眾交通系統熱門APP

包括官方APP，這些都是非常好用的交通APP，下載使用，如有神助！

KickMap NYC

New York City Subway

MTA TrainTime

MYmta

Transit (免費)

Citymapper (免費)

New York Subway MTA Map

＊以上資料時有異動，以官方最新公告為準。

搭乘紐約公車步驟 Step by Step

Step 1 研究路線及候車

可先在MTA官網確認路線，網站上可以輸入起始的地址和目的地，自動規畫出搭乘路線，甚至各路線的到站時刻，非常方便。若是搭地鐵轉乘公車、公車轉地鐵，或公車轉公車，2小時內可免費轉乘一次，但免費轉乘不包括特快巴士(Express Bus)。

Step 2 上車刷卡

接受信用卡、手機行動支付、OMNY卡、Metro Card，或是投幣。若是投幣但要轉車者，記得向司機索取轉車卡(Transfer)，可用於2小時內的免費轉乘。

Step 3 按鈴下車

約2到3個路口就會有公車站；每天從晚上10點到清晨5點鐘，不必等到站才停車，你可以要求司機在任何你覺得安全的地點讓你下車。

貼心小提醒

搭乘防疫指南

目前紐約地鐵和公車並無強制口罩令，但鼓勵民眾搭乘公共運輸系統時配戴口罩，並盡量使用無接觸式的購票系統，搭乘時攜帶酒精或乾洗手，並常常洗手，出發前可先上網確認路線有無異常情況。

http new.mta.info/alerts

四通八達的大眾運輸系統，舊金山是自助旅行者的天堂。

舊金山的市區交通，以公車(Muni or Metro bus)、捷運(Bart)和叮噹車(Cable car)3類為大宗。捷運只沿著市區的Market Street而行，接著出城連到其他的城市，因此，城裡的交通以公車最為四通八達；叮噹車為百年以上的交通工具，只有3條路線，但因為風味特殊，觀光客不可錯過。

站牌：有些Bart的標誌會和舊金山Muni的標誌在一起。▶

舊金山交通卡

要搭乘舊金山大眾運輸系統，需先購買交通卡(Clipper，又稱路路通)，加值後可搭乘舊金山灣區的各種交通工具，如捷運(Bart)、公車(Muni)、AC Transit、輕軌(Metro)、火車(Caltrain)，以及渡輪(Ferry)，非常便利；只有叮噹車(Cable car)有使用條件限制。空卡費用$3，之後用售票機加值即可。

Clipper空卡這裡買：
http www.clippercard.com/ClipperWeb/get.html

Clipper購票步驟 Step by Step

購買Clipper卡有2種方式，一是使用手機購買或加值，另一種是傳統售票機。

用手機購票

若是Android系統使用者，需先確定手機是Android 5 以後版本，且有NFC chip(可在Setting搜尋NFC)，否則無法使用。

下載APP

下載Apple Pay或Google Pay後打開Wallet APP，點選右上角的「+」符號。Android系統需再按Transit，才會到下一步。

選擇卡片

選擇Clipper並按繼續(Continue)。Android系統需閱讀說明文件後，按同意(Agree)才到下一步。

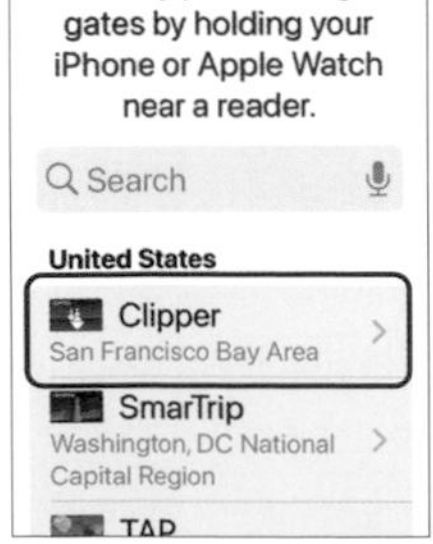

填入金額

填入要加值的金額，iOS系統按「Add」，Android系統按「Buy」。

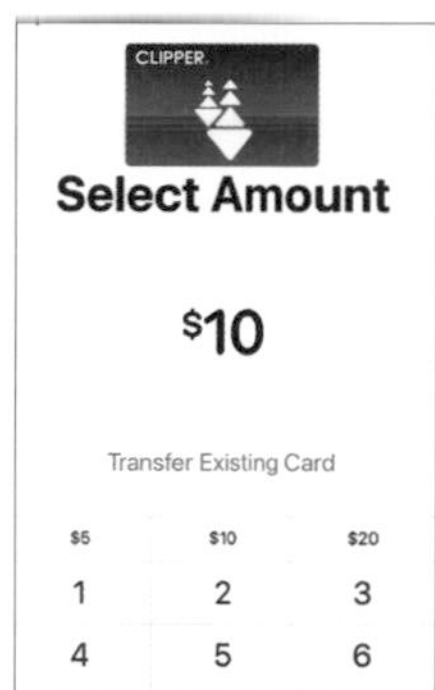

購買完成

購買成功，上車或進站時直接感應手機即可。

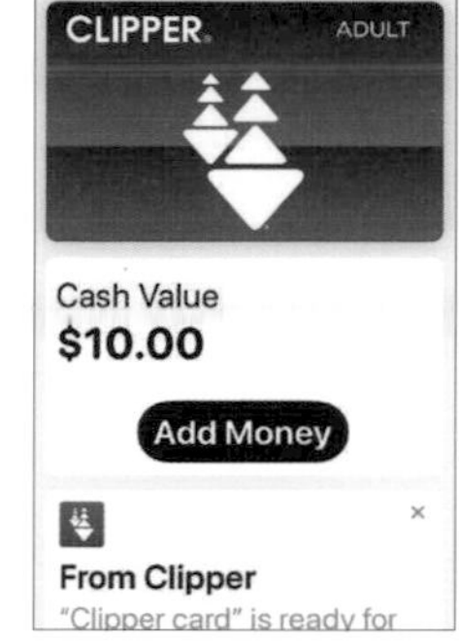

用傳統售票機購票步驟 Step by Step

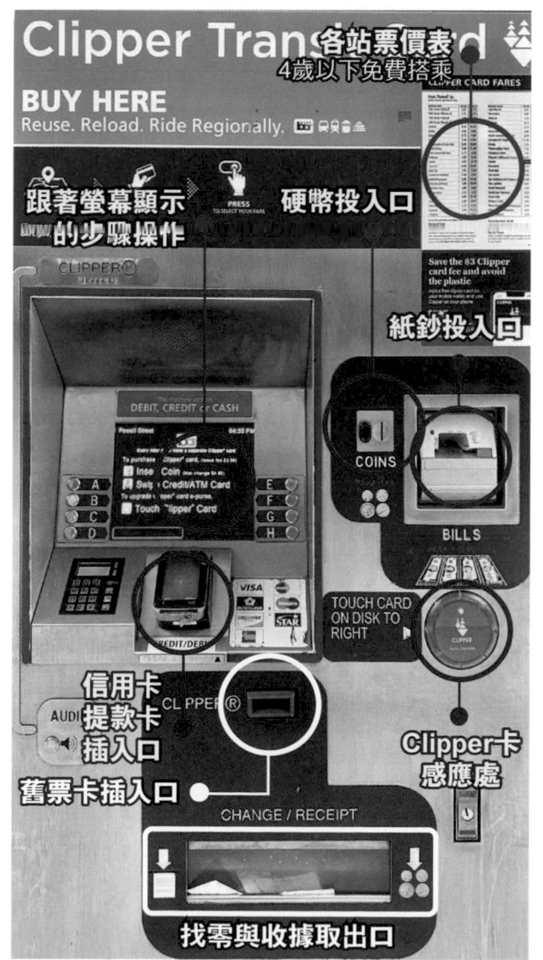

Step 1

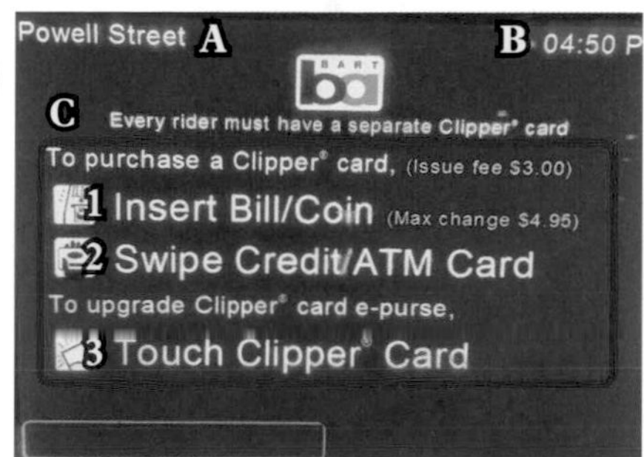

A.所在地車站／B.目前時間／C.操作步驟選擇：1.投入紙鈔／硬幣；2.插入信用卡／提款卡；3.感應Clipper卡

Step 2

Purchase Clipper® card using Credit/ATM 04:52 PM
A Amount to be charged/debited $8.00
B Card issue fee $3.00
C New e-purse value $5.00
D Change e-purse value
E Select Clipper® card issue
Add $1
Issue Clipper® card with $5.00 e-purse value
Subtract $1
Add 5¢
Subtract 5¢
Cancel

A.扣款金額／B.空卡費／C.卡片內儲值金額／D.改變儲值金額：加$1／減$1／加$5分／減$5分／E.選擇Clipper卡：儲值金額$5

購票完成請領取卡片

舊金山捷運

舊金山捷運除了行駛市區的某些景點之外，經由海底隧道還可連接舊金山市區外的十多個城市，甚至到舊金山國際機場。分爲6條路線，超過50站，每15～20分鐘一班車，非常便捷。其中除了橘線和灰線外，其他4條線都可到達舊金山市區。市區內最大站爲Powell St.，可到聯合廣場。

服務時間爲週一～五早上5點開始營運，週六6點開始，週日8點開始，一直到午夜12點。

注意不要在車上睡覺，隨時注意周遭的人及環境，夜晚單獨乘車或覺得環境不太安全時，可移往第一車廂，那裡有工作人員，也可手機下載BART WATCH APP，可以立即私訊捷運警察。

舊金山捷運資訊這裡查

- http www.bart.gov
- (510)464-6000(主線)
- (510)464-7000
- 911(緊急報案)
- (877)679-7000(非緊急報案)

▲捷運路線圖

＊以上資料時有異動，以官方最新公告為準。

舊金山捷運路線圖

圖片提供／舊金山捷運局

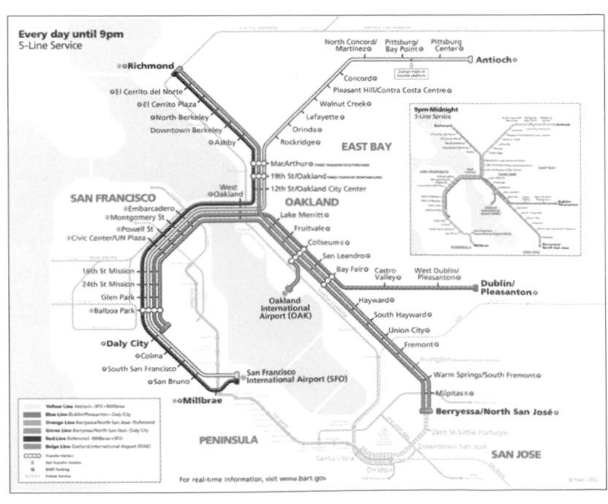

搭乘舊金山捷運步驟 Step by Step

自動售票機買票

購票步驟請參照P.93。

刷票卡進入月台

Clipper卡或手機感應進入月台。

Step 3

月台搭車

月台上的看板會顯示即將到站或已到站列車的目的地，月台也有廣播，不要搭錯了。

上車

車上全面禁止飲食，到站前會有廣播。

下車

出口(Exit)都會顯示出去之後的街名。

舊金山公車

公車從早上5點開始服務，一直到午夜，甚至還有開到深夜的夜貓子公車路線，它是舊金山市民最常利用的交通工具，但不免也有塞車的問題，若是尖峰時間距離又不遠，建議不妨用走的，好好欣賞這個美麗的城市。

舊金山公車資訊這裡查

http www.sfmta.com
311
(415)701-2311

公車路線圖▶

＊以上資料時有異動，以官方最新公告為準。

行家祕技 多日通行證也有優惠

使用Clipper卡或MuniMobile，單程只收$2.5，比在售票機購買便宜$0.5。4歲及4歲以下兒童免費。多次搭乘者可考慮購買多日通行證更省錢，用MuniMobile APP購票：一日券(1 Day Pass)$5，一天內可無限制搭乘公車、火車和古董街車(不含叮噹車)；一日遊客通行證(1-Day Visitor Passport)$13，包含所有公車、火車、古董街車和叮噹車，但不包括捷運。

另外還有3日遊客通行證(3-Day Visitor Passport)$31，7日遊客通行證(7-Day Visitor Passport)$41。若購買紙式通行證(Paper Passport / Clipper)，則價格會更高。

搭乘舊金山公車步驟 Step by Step

Step 1 確認公車時刻表

可上官網或下載Muni-Mobile APP查詢公車到站的時間。

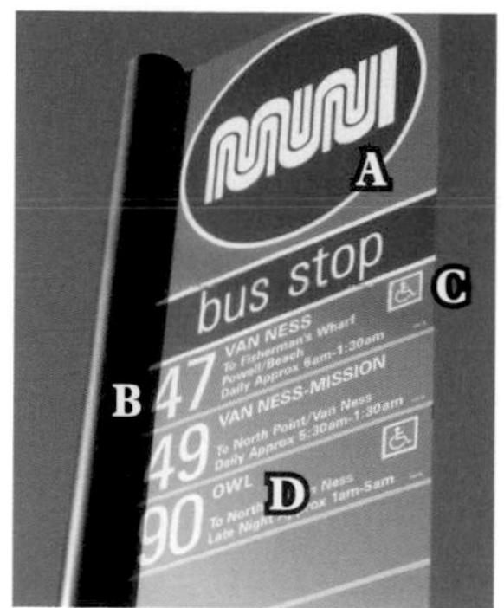

◀站牌：站牌除了號碼還會寫上路線。
A.公車站牌標誌
B.公車號碼及路線
C.有電動升降梯，殘障人士可搭乘
D.OWL是深夜也行駛的夜貓子公車

Step 2 購票上車

除了使用Clipper卡(見P.92)之外，也可透過官方APP購買，或以現金購票。

- **APP購票：**手機下載MuniMobile APP，用信用卡或PayPal支付即可購票。
- **現金購票：**在Muni或Metro車站的售票機(Ticket Vending Machines)購票，單程$2.5。或上車向司機購票，用現金單程$3，但要注意車上不找零，需自備零錢。

Step 3 轉乘或下車

2小時內可無限次數轉搭其他公車，上車以現金購票者，記得向司機索取轉乘券(Transfers)，搭下一趟公車時出示轉乘券即可免費。若是在售票機購買Mini車票或使用Clipper卡，則不需要轉乘券，卡片內已有紀錄。

幅員廣大的洛杉磯，也有地鐵可以通行。

洛杉磯因為區域廣又分散，交通多以開車為主，租車自駕會是最便捷的方式，建議從機場先搭交通工具到鄰近城市，再另外租車，可省去從機場租車的機場費。不過，由於交通日益壅塞，近年政府已鼓勵多使用大眾交通工具。Metro系統可搭地鐵(Metro Rail)、公車(Metro Bus)及公共自行車(Metro Bike Share)，還有地區性的DASH巴士及Big Blue Bus。

洛杉磯大眾交通資訊這裡查

metro.net
(323)466-3876

地鐵路線圖▶

＊以上資料時有異動，以官方最新公告為準。

貼心小提醒

在機場等租車接駁會比較貴

不論是從A機場拿車、B機場還車，或是單一機場還車，價格都不便宜。抵達機場以後跟著Ground Transportation指標找到紫色的Rental Car Shuttles牌子，租車公司會派接駁巴士來此，將遊客載到附近的租車公司，之後在租車費用裡會附加一筆機場費。建議事先預訂好租車，有時候多家租車公司會合用一輛巴士，記得告知司機你的租車公司。

洛杉磯交通卡

在洛杉磯搭地鐵(Metro Rail)一定得用TAP(Transit Access Pass)，也可用於公車(Metro Bus)、DASH巴士及Big Blue Bus。空卡一張是$2，在地鐵站外的自動售票機(TAP vending machines)或公車上都可以購買。可以選擇儲值卡，地鐵和公車單程票價都是$1.75，搭J line和特快巴士需加$0.75。也可以購買周遊票，有1 Day Pass($3.5)、7 Day Pass($12.5)、30 Day Pass($50)，根據不同天數可無限制搭乘地鐵和公車，有時候會更划算。TAP卡購買方式有4種。

www.taptogo.net

售票機購買

首次購票必須先買一張空卡($2)，之後儲值使用，售票機除了可購買空卡和儲值，還可購買1日、7日或30日的周遊票。

手機APP購買

在手機下載官方APP：TAP LA，先註冊填寫基本資料後，綁定行動支付，之後只要用手機輕觸螢幕即可乘車。

官網購買

需先上網註冊，填寫姓名、地址、電話、E-mail、生日等基本資料，並設定密碼，新卡郵寄到府需10～15個工作天。若有舊的TAP卡，在官網上可以整合新舊兩張卡片內的金額。

電話購買：(866)827-8646

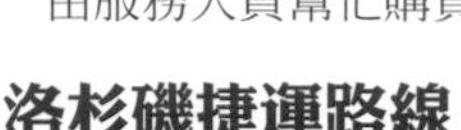

由服務人員幫忙購買和儲值。

洛杉磯捷運路線

路線	起點／終點	沿線經過
藍線 Blue Line	7th St. Metro Center / Downtown Long Beach	Staple Center
紅線 Red Line	聯合廣場Union Station / 北好萊塢North Hollywood	比佛利山莊Beverly、韓國城Korea Town、好萊塢Hollywood、環球影城Universal Studio
綠線 Green Line	Norwalk / Redondo Beach	在Aviation站可轉接G Shuttle到洛杉磯國際機場
黃金線 Gold Line	Azusa / East LA	Union Station、China Town、Little Tokyo、加州理工學院Calteck
紫線 Purple Line	Union Station / Wilshire-Western	Civic Center
淡藍線 Expo Line (世博專線)	Downtown LA / Santa Monika	南加大USC、Santa Monika
粉紅線 K Line	Expo / Westchester	世博會

搭乘洛杉磯地鐵步驟 Step by Step

Step 1 購買並儲值TAP卡

購票和儲值方式見P.98。

Step 2 刷卡進月台

將TAP輕觸感應區即可進入月台，無任何人工驗票。地鐵一般營運時間為早上05:00～午夜00:00，部分路線營運時間較長。

Step 3 下車與轉乘

可以在2小時內免費轉乘公車(Metro Bus)，超過2小時則須重新買票。購買1日票(1 Day Pass)者，在第一次使用的隔日凌晨03:00票券將會失效。

購買洛杉磯捷運卡步驟 Step by Step

圖片提供：洛杉磯Metro捷運局

Step 2 購買Tap卡

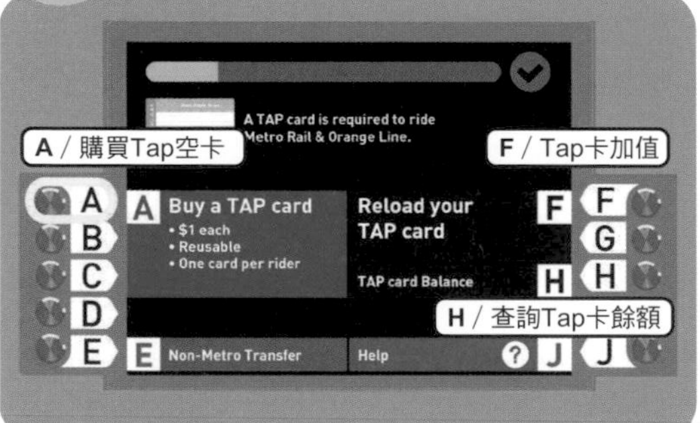

Step 3 購買票券

Step 5 付款

Step 6 確認完成，列印收據

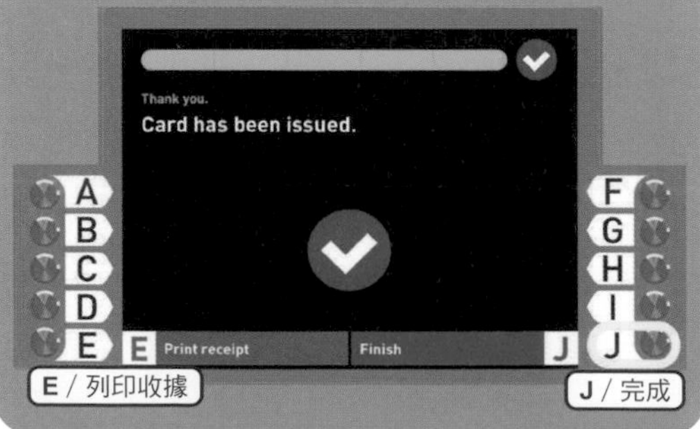

洛杉磯公車

洛杉磯主要的市區公車包括由Metro公司經營的Metro Bus、美國交通局經營的DASH Bus，和主要行駛於聖塔莫尼卡周邊的Big Blue Bus。

Metro Bus

Metro Bus通常分為3種，Metro Local是一般的公車，Metro Express是較長途的公車，Metro Rapid類似直達車，停靠站點較少。一般單程為$1.75，但有時會因為路線與區域不同而有所變動，可使用TAP或上車付現，但因公車上不找零，必須事先準備好零錢，建議用TAP儲值卡會比較方便。搭地鐵(Metro Rail)2小時內可免費轉乘公車(Metro Bus)。

DASH Bus

DASH由LADOT Transit所營運，是區域型的循環巴士，路線較集中在市中心，會經過一些著名的觀光景點，例如道格林菲斯天文台、好萊塢標誌等地，路線較少，但班次較密集，平日5～30分鐘一班，週末有些路線會停駛，單趟票價50分錢，上車時投入車上的投幣桶即可，也可使用TAP儲值卡。DASH有自己的無限搭乘周遊票，7日通($5)和31日通($18)，但不能使用Metro系統的周遊票。

http www.ladottransit.com ☎ (213)808-2273

Big Blue Bus

Big Blue Bus簡稱BBB，主要行駛於聖塔莫尼卡的周邊，路線行經海邊、市區、購物商場，甚至到洛杉磯國際機場，票價為$1.25。若想從洛杉磯市中心到聖塔莫尼卡，可以搭10號急行巴士(Rapid 10 Express)，票價$2.5。另外也有出可無限制搭乘的1日通($4)、7日通($14)等周遊票。

http www.bigbluebus.com ☎ (310)451-5444

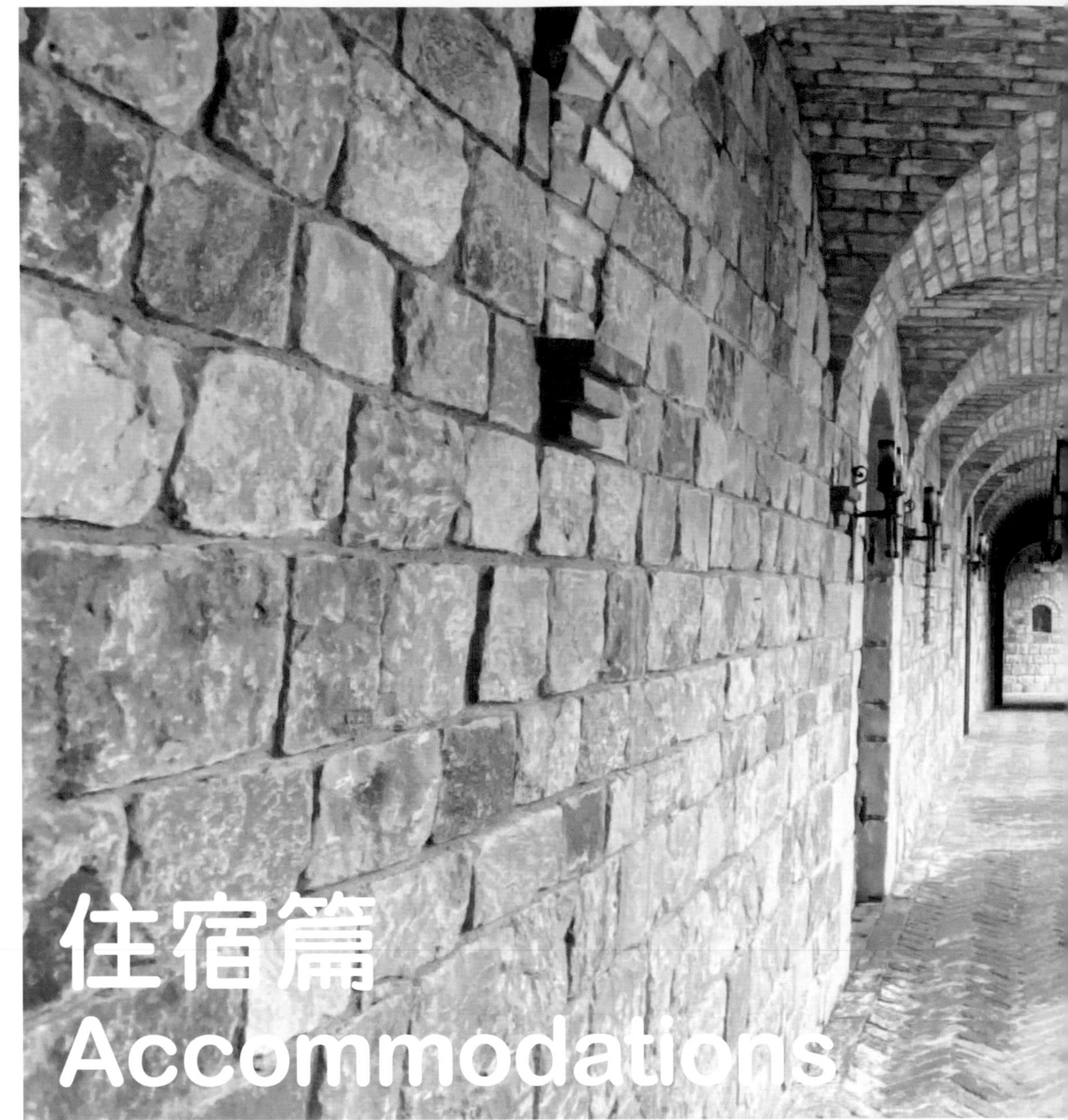

住宿篇 Accommodations

在美國旅行，有哪些住宿選擇？

住宿費用通常都是自助旅行時最大的開銷，因此，本篇教你5種便宜住宿美國的方式，為你大大節省荷包！

ONEKA
ONEKA
ONEKA
Shower
Monsieur Jean

朋友家

優點：一毛不花最便宜。／缺點：會麻煩別人，且可能會有交通往返上的問題。

所謂四海之內皆兄弟，如果你能找到朋友家借宿，當然就節省了大宗的旅費；不過，美國人大多以車代步，且住宅區多距離市區較遠，所以要考慮到從朋友家到市區熱門景點的交通往返問題。

美國家庭大不同

教你做個道地的借宿客，了解美國家庭有哪些大不同？

客廳：脫鞋還是不脫鞋？!

大部分老美家是不脫鞋的，所以沒有穿拖鞋這一套，都穿著室外的鞋子在屋裡走來走去。但如果朋友是老中就會要求你脫鞋或換拖鞋啦！

廚房：洗碗機在哪裡？

美國廚房大都有烤箱、微波爐，還有台灣較少有的洗碗機，多在廚房水槽下方，有時也用來放置碗、盤等餐具。曾經有朋友因為主人不在，在廚房到處找不到碗和盤子，因為都不在櫃子裡，而是放在洗碗機裡！

廚房：攪菜機(Disposer)怎麼用？

在台灣，我們會將剩菜剩飯留成廚餘餵豬，老美生活可沒這一套。廚房其中一個水槽裡一定裝有攪菜機，所有的廚餘在攪菜機裡處理掉，直接沖進下水道。

浴室：洗澡時拉不拉浴簾？

浴室地板沒有排水孔，使用浴缸或在浴缸裡淋浴時，千萬要將浴簾拉進浴缸內。不少台灣客人不清楚，搞到水淹主人家！

臥室：睡在薄蓋被的上面還是下面？

美國正宗寢具的鋪法是床包(bottom sheet / fitted sheet)在最下面，人躺在中間，上面先蓋一層薄薄的被單(flat sheet)，然後最上面才是棉被或毯子。美國人很少用被套，多用這薄被單來隔離保護棉被或毯子，所以要睡在它的下面，才不會弄髒棉被。

庭院：曬衣服還是用烘乾機？

美國家庭使用烘乾機的比例非常高，所以很少看到庭院裡曬萬國旗的景象，這樣會被鄰居視為不雅的行為。不過使用烘乾機要小心縮水，質料好的衣服還是掛在私人房間或浴室裡晾乾較好。

青年旅館

優點：可結交各國朋友，且花費便宜。／缺點：可能地點較偏遠，須共用浴室、設備陽春。

青年旅館(Youth Hostel)簡稱YH，隸屬於國際青年旅舍協會(Taiwan YHA)，由各國的青年協會獨立經營。只要辦理YH國際青年旅舍卡(詳見P.47)，成為會員，無論年紀多少都可以享受低廉的房價；沒有會員卡雖然也可以住，但費用會較高。此外，各大城市也有YMCA與YWCA住宿，與YH青年旅館一樣，房間大部分採多人共用衛浴，但價格便宜，費用約$50～100不等，不妨試試。

服務內容

一般來說，Check-in時間通常是07:00～10:00，Check-out則是17:00～22:30。但也有的會提供24小時服務。記得要自備浴巾及盥洗用具，也要準備些零錢，使用投幣式鎖物櫃時會需要。有的青年旅館會提供免費的早餐，預訂時可查評價看看有沒有人分享早餐的內容，有的可以自己煮東西，但不一定提供炊具。雖然設備陽春、裝潢乏陳，但來來往往的年輕面孔，絕對是你結交世界各地朋友的最佳良機。

房價低廉

青年旅館之所以便宜，是因爲多人同住一間房間，並共用衛浴，若講究隱私也可選單人房，但價格會稍貴一些，有時與市區其他住宿比價之後，就不一定是單人房選項中最便宜的了。

青年旅館這裡查

國際青年旅舍協會網站
http www.hihostels.com

Hostel Traveler
http www.hosteltraveler.com

Banana Bungalow
http www.bananabungalow.com

GREEN TORTOIS
http greentortoise.com

HOSTELWORLD
http www.hostelworld.com

紐約West Side YMCA
http ymcanyc.org/locations/west-side-ymca/guest-rooms
5 West 63rd St. New York
(212)912-2600

＊資料時有異動，請以官方公布的最新資料為主

民宿

優點：最能體驗當地生活的樂趣。／缺點：地點稍遠，沒有旅館多樣化的服務。

能接觸當地人的生活，是住民宿最大的收穫；如果是華人開的民宿又是說中文，就更有親切感了！有些民宿提供付費的機場接送服務，有的還提供早餐，但缺點是房間少，需要提早預訂，而且沒有像一般旅館有每日清潔、整理房間的服務，也不一定有私人浴室；但優點是價格便宜，有可能省掉住旅館須額外加收的稅金和小費。

B&B民宿

所謂B&B，也就是Bed and Break-fast，包住宿和早餐。通常是由住家改造而成，有的還是古董老建築，很有家的溫馨感。可以選擇台灣人開的民宿，好處是文化相同，說中文就可以通，旅行起來感覺有人照料，更有居家的感覺，而且只要多加錢，很多都有提供機場的接送服務，可以多加利用。可以上網以「紐約民宿」、「舊金山民宿」等詞搜尋，即可找到許多當地華人的民宿資訊。

素人民宿

英文不錯的人，可以到目前最流行的民宿網站上去逛逛，這些網站提供更多素人民宿出租的訊息，好處是有可能會跟世界各國不同文化的人住在一起，可以學習英文和異國文化。

這些民宿多像家一樣的，有廚房可以烹調，提供洗衣機，可以幫助你節省旅費，但近年來美國政府正在打擊這類短期的私人租賃網，因為租金收入有牽涉到逃漏稅的可能，一些短期出租業者，因而收到高額的罰單。

http www.airbnb.com.tw、www.vrbo.com

沙發衝浪

免費住宿不是夢，非常受到年輕人和自助旅行者歡迎的沙發衝浪，是一種交換式的免費住宿。只要上網先登記成為會員，就可以與世界各地其他會員交流溝通，找到願意讓你借宿的人家，通常提供沙發的主人稱為Host，借睡沙發的旅人稱為Surfer，所以叫做「沙發客」。好處是有可能一毛錢都不用花，又可以廣交朋友，但很多都需要用英文溝通。

http www.couchsurfing.org

短租公寓

優點：溫馨的居家感覺，地點方便。／缺點：比民宿及青年旅館貴，但長期住宿比旅館舒適划算。

美國有不少公寓型的旅館，內附完整的家具，如電視、微波爐、電話、投幣式洗衣機，甚至提供毛巾、寢具，有客廳又有廚房，讓你在旅行的途中倍感家的溫馨；而且它們多位於交通方便的地方，價格非常實惠，是一種不錯的選擇。這類的公寓旅館接受短期和長期的住客，從住1天到住1年皆可，房間是否由別人清理也是你自己決定，因而無形中減少了一些費用。由於空間舒適寬大、價格划算，成為家庭旅行和商務人士的最愛。

尋找短租公寓

以下網址可以找到美國各地短期出租的公寓或房子，價錢從每天、每週，到每月都有。

http www.extendedstayamerica.com/about/temporary-housing.html

尋找更便宜的轉租公寓

不少留學生會在寒暑假(12～1月、5～8月)回國時，將這段期間空出來的公寓以便宜價錢出租(Sublet)，如果你剛好這時候來，而且打算住遊1個月以上，就可能撿到大便宜。可到網站輸入「sublet」搜尋，或用「sublets」及「Temporary housing」關鍵字在Google上搜尋。

http 紐約區：newyork.craigslist.org

http 舊金山區：sfbay.craigslist.org

http 全美各地：www.sublet.com

便宜旅店

優點：有服務品質、隱私性和安全性。／缺點：淡旺季價格差異很大，和別人的互動性少。

飯店淡、旺季的價錢差別很大，暑假通常最貴，秋、冬淡季則會便宜許多。

經濟型連鎖飯店

一般來說，汽車旅館(Motel)會比較便宜，雖設備陽春，但可省下高昂的停車費。另外，美國有非常多以價格經濟便宜著稱的連鎖飯店，在訂房網站上搜尋後，別急著直接訂房(有的會加收手續費)，可先打電話詢問價格是否更便宜，或是到該旅館的官網確認價格有沒有不一樣。也可以利用TRIVAGO比價網站，找出同一間旅館在哪一個訂房網有最低的價格。

長住有優惠

有些旅館會針對長期的住客提供特別折扣，如果你打算住遊1個月以上，別忘了先詢問有沒有折扣方案。

旅館折價券

當地的遊客中心都有旅館折價券，也可先在網站上搜尋，推薦兩個熱門的折價券網站。

http www.hotelcoupons.com

http ww.retailmenot.com/coupons/hotel

連鎖飯店網站這裡查

TRIVAGO
http www.trivago.com

Budget Host
http www.budgethost.com

WYNDHAM
http www.wyndhamhotels.com

Best Western
http www.bestwestern.com

Comfort Inn
http www.choicehotels.com/comfort-inn

motel 6
http www.motel6.com

Holiday Inn
http www.holidayinn.com

＊資料時有異動，請以官方公布的最新資料為主

行家祕技　常見的汽車旅館空調

通常是在窗戶底下

要調整空調時須打開右邊的蓋子

熱門訂房網看這裡

這些網站除了旅館，大部分也包括租車和美國國內機票，甚至有機＋酒的套裝行程，皆可查詢和購買。

英文網站：

- http www.travelocity.com
- http www.priceline.com
- http www.hotels.com
- http www.ortibz.com
- http www.hotwire.com

有中文頁面的訂房網站：

- http www.agoda.com.tw
- http www.expedia.com.tw
- http www.booking.com/index.zh-tw.html
- http www.tripadvisor.com.tw
- http www.hotelscombined.com.tw
- http www.eztravel.com.tw

＊資料時有異動，請以官方公布的最新資料為主

貼心小提醒

旅館住宿撇步

- 隨身攜帶旅館的名片，以防迷路。
- 飯店小費：搬運行李至房間：每件$1～2／清理房間：每晚$2～5／客房服務：消費金額15～20%／叫計程車：$1～2
- 美國的浴室地板上沒有排水口，所以淋浴時要記得將浴簾拉進浴缸內，以免水濺出造成淹水。
- 浴室裡有大小毛巾，大的是洗澡擦身用，小的是洗臉擦手用，較厚的則是腳踏墊。
- 大部分旅館都不提供拖鞋、牙膏和牙刷。
- 幾乎所有的美國旅館房間內都有煮咖啡壺，免費供應咖啡。

應用英語ABC

單字片語

Private Room　私人房，不會和陌生人共處一室
Family Room　家庭房，3～4人一間
Contemporary dorms　大寢室，4～8人一間
Traditional dorm　傳統通鋪，10～30人一間
en-suite room　有私人浴室的房間
single room　單人房
double room　雙人房（一張King size的大床）
twin room　雙人房（有兩張床的雙人房）
Suite　豪華套房
Continental breakfast　大陸式早餐
check-in / check-out　住宿登記／退房
Lobby　旅館大廳
Front desk / Room service　旅館櫃檯／客房服務
morning call　電話叫醒服務
Do not disturb　請勿打擾的標示牌
Make up room　整理房間的標示牌
High season rate / Off season rate　旺季價錢／淡季價錢
safety deposit box　保險箱
Reservation / pick-up service　預約／接送服務

應用會話

I would like to make a reservation for a double room from May 5th to May 10th.
我想要預訂一間5月5日～10日的雙人房。

How much is a room per night?
房間一晚多少錢？

Do you have any less expensive room?
你有便宜一點的房間嗎？

Does your hotel have pick-up service at the airport?
你們旅館在機場有接送的服務嗎？

How can I take a bus or subway to your hotel?
我如何坐公車或地鐵到你的旅館？

I would like to check in.
我要辦理入住手續。

I would like to change my reservation.
我想要改變預約。

Could you give me a morning call at 8 o'clock tomorrow morning?
你明天早上8點可以用電話叫我起床嗎？

I would like to check my valuables.
請將我的貴重物品寄存。

What is this charge for?
這是什麼費用？

飲食篇 Gourmet

在美國吃什麼特色食物？

你知道美國人的飲食習慣跟我們有什麼不同嗎？到哪裡可以找到便宜的用餐好去處？而哪些食物又是到了美國不可不嘗的呢？看了本章，保證讓你對美國的飲食文化更加了解熟悉！

從東到西吃遍大美國

美國菜的料理，當然不如法國菜來得講究、中國菜來得豐富，但因為它是種族的大熔爐，民族同化的結果，自然創造出了自己的特色美食。

融合著各國風味，反映出了美國文化的開放和多元性，各式種族的交流，有時反而讓你有在美國可以吃遍天下的幸福感。

基本而言，墨西哥和義大利民族，對美國美食文化的貢獻最大，加州南部及德州等的美國西南部，因為緊鄰墨西哥，而深受墨西哥食物的影響，舊金山則因為淘金熱熱潮，帶來了中國菜、義大利菜的變種洗禮，東岸的紐約則受到猶太人的影響，南部的邁阿密則是古巴的美食世界，甚至近代越南和印度的移民潮，或是傳統的印第安菜，都激盪出新的火花。多元種族的巧妙融合，帶來了豐富的文化層次，誰說來美國只能吃漢堡和熱狗呢？

中部

美國麵包之鄉

中部大城芝加哥(Chicago)是厚底披薩(Deep-dish Pizza)的發源地，芝加哥的牛肉與愛荷華州(Iowa)生產的豬肉齊名，所以來到芝加哥，也別忘了嘗嘗它的牛排和有名的芝加哥熱狗。

被稱爲「美國麵包之鄉」的美國中西部，向來盛產小麥、玉米和大豆，甚至是稻米。遠離海洋的這一區，受到歐洲的影響較深，例如辛辛那提(Cincinnati)受到希臘菜影響的辛辛那提辣椒(Cincinnati chili)、克利夫蘭(Cleveland)的東歐美食，哥倫布(Columbus)的德國美食等等，由於是美國的農業區，餐食的分量都較大，主食多以馬鈴薯、培根、蛋及肉類爲主。

1馬鈴薯是美國中部食物的主食 2 3芝加哥的牛肉和愛荷華的豬肉齊名 4盛產小麥的中西部，有麵包之鄉的美稱

中部熱門推薦

芝加哥：Steak, Hot Dogs、Deep-Dish Pizza
堪薩斯：Mayfair Salad Dressing
辛辛那提：Cincinnati Chili

西岸

農產甲天下

西岸瀕臨太平洋，西北部一路連至阿拉斯加，這裡的鮭魚、海產非常豐富，每年從11月開始，一直到來年的6月，都是Dungeness Crab的季節，這種有巨蟹暗喻的大螃蟹，汁多肥美，無論蒸著沾醬吃，或是加在濃湯中，盛在酸麵包碗裡吃，或是成爲Cioppino海鮮湯鍋裡的主角，都讓人食指大動。

西南部受到墨西哥的影響很深，無論是墨西哥捲餅Burrito、Tacos、Enchiladas、Tamales、Quesadilla……都成爲餐桌上的常客，尤其是聖地牙哥的Fish Tacos頗負盛名。

加州在1970年代由Alice Waters和Wolfgang Puck帶領下，發展出的美食運動California Cuisine，講究健康、新鮮的取向，更成爲一大烹調的特色。喜歡選用新鮮、當季當地的食材，呈現出美麗的擺盤，分量雖小但精緻可口，這樣清淡、新鮮、原味的取向，與現代人追求健康的理念不謀而合，你一定要來嘗一嘗(見P.125)。

由於溫和的氣候，加州的農產、蔬菜水果四季豐盛，農夫市場一年四季都有買不完的蔬果，加州Napa盛產葡萄，這裡的加州葡萄酒舉世聞名，華盛頓州(Washington)和Oregon州盛產Pinot Noirs紅葡萄和Riesling白葡萄，這裡的葡萄酒與啤酒也具有一定水準，而華盛頓州的蘋果更是聞名於世。

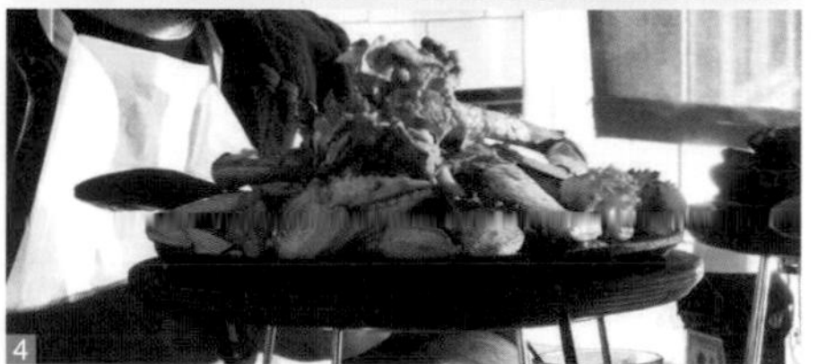

1加州Napa的葡萄酒舉世聞名 2舊金山的獨家特產美食Hangtown Fry非嘗不可 3Napa酒莊裡的一景 4Dungeness Crab是美國西岸的特產 5美國西南部受到墨西哥食物的影響很深 6Tacos已成為老美餐桌上的常客

西岸熱門推薦

舊金山：Dungeness Crab、Cioppino、Hangtown Fry、酸麵包
聖地牙哥：Fish Tacos、Burrito
西雅圖：Apples、Salmon
奧瑞岡：Pinot Noirs紅酒、Riesling白酒
洛杉磯：California Sushi

海鮮甲天下

新英格蘭(New England)是指美國東北角的六個州，因為海產豐富，而以海鮮料理著稱，沿襲著早期殖民地時代的節儉和務實的風格，因此烹調手法多愛好一鍋式的水煮方式，從豆煮玉米(succotash)、烤豆(baked beans)到蚌殼濃湯(Clam Chowder)，都是營養豐富卻親民的菜肴。尤其波士頓(Boston)的大龍蝦，更是一大特產，各式的蒸煮貝類，絕對是老饕們的首選。另外這裡的蘋果、Vitis Labrusca葡萄、楓糖(Maple syrup)以及蔓越莓都是當地特產之一。

東岸的紐約，則是美國經濟、政治及文化的中心，它更是美國頂尖的美食之都，城內光餐廳就有23,000多家，世界頂級的廚師紛紛在此摩拳擦掌，世界各地的菜式雲集，從高檔米其林到路邊的熱狗攤，皆可讓人嘗到意想不到的滋味，簡直就是饕客的天堂。另外像是費城(Philadelphia)的起司牛肉漢堡(Philly Cheese Steaks)，華特頓DC的蟹餅(Crab Cakes)，佛蒙特州(Vermont)特產的上等起司(Cheese)都不可不嘗。

1東岸的漢堡風格受到猶太人的影響很深 2費城的起司牛肉漢堡好吃得不得了 3龍蝦是波士頓的特產(圖片提供／鄭琬瑩) 4龍蝦三明治總讓人食指大動 5蚌殼濃湯Clam Chowder是東岸營養又親民的菜式 6佛蒙特州特產上等的起司

東岸熱門推薦

紐約：Pastrami Sandwich
波士頓：Lobster Rolls、Clam Chowder
費城：Philly Cheese Steaks
華盛頓DC：Crab Cakes

南部

燒烤甲天下

因爲過去奴隸制度的影響，南方的美食受到非洲的影響較深，因爲非奴需要大量的體力勞動，因而造就出「靈魂食物Soul Food」的盛行。

靈魂食物的特色是分量大、高澱粉、高脂肪、熱量高，更由於僕人常使用主人不要的動物內臟入菜，所以這類的食物除了常用的豬肉、豬油之外，有時也會以豬腳、豬尾、豬肚、牛尾來做菜，其特色菜包括鹹豬肉Country Ham、Chicken-fried Steak、Fatback、Ham Hocks、Hog Jowl、Hog Maw、Offal等等。

南方美食烹調方式喜愛煙燻、燒烤及炸物，炸物以炸雞最具特色，例如最有名的連鎖店肯德基炸雞，就是起源於此。這裡的食物也受到美洲土著的影響，像是炸玉米球Hushpuppy、玉米粗粥Grits、醃秋葵、大米等，用餐時再配一杯甜茶(Sweet Tea)，更是普遍。

其中BBQ燒烤更是不容錯過的佳肴，特色是以慢火方式燒烤豬肉，並衍生出各地不同風味的燒烤醬，例如北卡羅納州(North Carolina)東部是以醋爲基底，西部則偏好使用番茄醬，阿拉巴馬州(Alabama)則有以美乃滋與醋融合的白醬，堪薩斯州(Kansas)甚至講究燒烤的木材，因而散發出不同的香味。

南部熱門推薦

休士頓：Barbecue、Steak、Chicken-Fried
邁阿密：Cuban Sandwich
紐奧良：Cajun food、Crawfish、Gumbo、Grits

1國王蛋糕King Cake是紐奧良的特色美食，根據傳統裡頭會藏著小娃娃，吃到的人要買下所有的蛋糕請大家 2南方食物受非洲影響較深 3 4煙燻和燒烤是美國南方食物最大的特色 5秋葵濃湯Gumbo是南方食物的代表 6紐奧良號稱美國三大美食之都，特產有生蠔及小螯蝦 (1.2.5.6.圖片提供／謝岱玲)

10大名城必吃特色美食

美國幅員廣大，從東到西，從南到北，由於各地的氣候、農產與種族融合影響，發展出各自的獨家在地美食。

紐約 New York
煙燻牛肉三明治 Pastrami

非常受歡迎的一種猶太人的熟食，通常用牛肉製成，有時也有雞肉，羊肉或火雞。肉類用鹽醃漬曬乾再佐以各種香料或草料，如大蒜、香菜、丁香、芥菜籽、黑胡椒等，用煙燻或蒸的方式製成，通常夾黑麥麵包來吃，肉片通常非常的薄。

2nd Ave Deli

http 2ndavedeli.com／✉162 E 33rd St, New York, NY 10016／☎(212)689-9000

Katz's Delicatessen

http katzsdelicatessen.com／✉205 E Houston St, New York, NY 10002／☎(212)254-2246

邁阿密 Miami
古巴三明治 Cuban Sandwiches

是由早期古巴工人帶來佛羅里達南方Key West咖啡館的一種美食變種。古巴麵包夾著豬肉火腿、奶酪、醃黃瓜、芥末或Salami香腸，裡頭塗著奶油或橄欖油，是流行於邁阿密的午餐食物。

Versailles Restaurant

http versaillesrestaurant.com／✉3555 SW 8th St, Miami, FL 33135／☎(30 5)444-0240

El Nuevo Frutilandia

http frutilandiasf.com／✉3077 24th St, San Francisco, CA 94110／☎(415)648-2958

波士頓 Boston

龍蝦卷、蚌殼濃湯
Lobster Rolls、Clam Chowder

波士頓盛產龍蝦，來這裡一定要來一客最道地的Lobster Roll。泡過奶油切碎的新鮮龍蝦肉，加上芹菜、美奶滋、鹽及黑胡椒，夾在熱狗麵包內，簡直是人間美味！而新英格蘭州(New England)特產的蚌殼濃湯，通常是以牛奶或奶油爲底，加上蚌殼、馬鈴薯、洋蔥，將餅乾捏碎拌到湯裡來吃，整個湯感覺非常的鮮美和濃稠。

Union Oyster House

http unionoysterhouse.com / ✉ 41 Union St, Boston, MA 02108 / ☎ (617) 227-2750

費城 Philadelphia

起司牛排堡
Cheese Steak

和傳統漢堡的形式有些不同，和洋蔥、高麗菜、番茄各種香料炒過的碎牛肉，加入濃濃的起司，夾在長形的麵包裡，一口咬下去，濃郁的牛肉香，濃濃的起司，咬斷拉開還黏著一條條的起司，眞的非常好吃，這個來自美國費城的獨創美食，現在已風靡了全美國，如果嘗不到芝加哥原創老店Geno's Steak裡的起司牛排堡的話，一些美食街裡也會找到。

Geno's Steak

http www.genosteaks.com / ✉ 1219 S. 9th St, Philadelphia / ☎ (215)389-0659

芝加哥 Chicago

厚底披薩
Deep-Dish Pizza

來自義大利的披薩，已成爲美國人晚餐桌上的常客，來到芝加哥更被改良成3吋厚的厚底披薩，而成爲芝加哥的美食代表。用料扎實，更多的起司和碎番茄，吃起來口味濃郁豐富。1943年發明它的芝加哥UNO披薩店，目前全美都有連鎖店。另外芝加哥的美食還包括有Garrett Popcorn、Protillo's Hotdog也不要忘了嘗一嘗。

Pizzeria Uno

http www.unos.com / ✉ 29 E Ohio St, Chicago, IL 60611 / ☎ (312) 321-1000

舊金山 San Francisco

海鮮湯鍋、波丁酸麵包 Cioppino、Boudin

舊金山獨家發明的Cioppino，是漁人碼頭Alioto's餐廳歷經80多年的發明，嘗過它酸酸甜甜的滋味，眞的好吃的不得了，採用新鮮的海鮮，搭配奶油、洋蔥、橄欖油、蒜頭、苦艾草、芹菜、檸檬、番茄、紅酒、月桂葉去燉煮，湯頭濃郁，再加上舊金山特產的Dungeness螃蟹，滋味微酸微甜，相當開胃。因爲新冠大流行的衝擊，老字號的Aliotos餐廳如今已經歇業，但你仍可以在舊金山的許多義大利餐廳吃到這款經典美食。

另一個來自淘金熱(Gold Rush)的美食，則是Boudin酸麵包，這個歷經160多年的麵包，因爲獨特的酵母發酵，而有著微微的酸味，原來是淘金熱時期工人帶進礦坑裡的午餐，但憑著它彈性的嚼勁，微酸的特色，而成爲今日舊金山人餐桌上的常客。

Boudin Bakery

www.boudinbakery.com / Pier 39, San Francisco, CA 94133 / (415)421-0185

紐奧良 New Orleans

水煮小龍蝦、秋葵濃湯 Cajun Crawfish、Gumbo

路易斯安那州受到印第安菜的影響很深，而位於密西西河出海口的紐奧良，不但是爵士樂的發源地，更以特產的印第安式水煮小龍蝦而聞名。生長於沼澤地帶的小龍蝦(Crawfish)，體型不大卻肉質鮮美，通常一大鍋水煮，再加上檸檬、大蒜、辣椒、胡椒等辛辣的調味，帶殼吸吮就好吃的不得了。想更道地的就再點一碗秋葵濃湯(Gumbo)，以海鮮或肉類、香腸、培根、芹菜、紅椒和洋蔥燉煮，再以秋葵來增稠，濃濃的深褐色湯頭，當地人都會配一點白飯來吃，這是路易斯安那州的特色美食之一。

(圖片提供／謝岱玲)

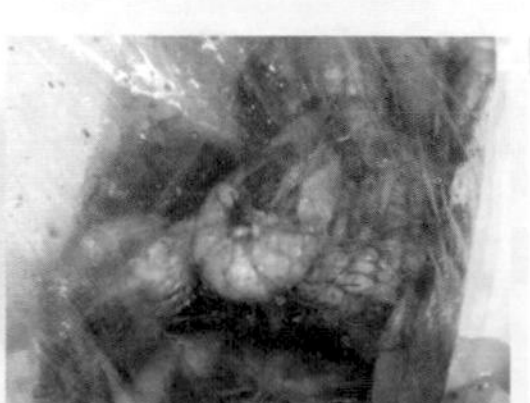

Mother's Restaurant

mothersrestaurant.net／401 Poydras St, New Orleans, LA 70130／(504)523-9656

洛杉磯 Los Angeles

加州壽司 California Roll

可說是日本壽司來到美國之後的改良種。由於美國人剛開始還不太適應包生魚片的壽司，相傳在1960年代，位於洛杉磯的「東京會館Tokyo Kaikan」壽司餐廳，廚師Ichiro Mashita就發明了這款包著小黃瓜、蟹肉棒、牛油果及混合著美乃滋的加州壽司(California Roll)，向來包在最外面的紫菜，被改良成包在內捲內，內餡沒有生魚片，加上加州特產的牛油果，因此大受美國人的歡迎，如今美國的日本料理餐廳幾乎都有這道特產，而且它在1980年代還回傳日本，並取名爲「KaSHuu Maki」，成爲壽司種類的一種品項。

Sushi Go 55

333 S. Alameda St #317, Los Angeles, CA 90013／(213)687-0777

Sushi Gen

www.sushigen-dtla.com／422 E 2nd St, Los Angeles, CA 90012／(213)617-0552

聖地牙哥
San Diego

炸魚玉米餅
Fish Tacos

受到墨西哥文化的影響，這種源自於墨西哥沿岸的美食，來到了聖地牙哥，就變成了非常有特色的風味小吃。通常是酥炸的白魚，加上切碎的高麗菜，放上一點酸奶或美奶滋、墨西哥莎莎醬或萊姆，然後夾在烤過的墨西哥玉米餅裡頭。

1983年，現被稱爲「聖地牙哥Fish Tacos大亨」的Ralph Rubio，在墨西哥的San Fellipe嘗過Fish Taco之後，就以它爲點子，回到聖地牙哥後創造出改良後的食譜，如今Rubio的連鎖餐廳已賣出一億多個的Fish Tacos，也在美國5個州擁有近200間分店，儼然已是Fish Tacos美食界的教父了。

Rubio's

www.rubios.com／4504 E Mission Bay Dr, San Diego, CA 92109／(858)272-2801

德州
Texas

BBQ燒烤
Barbecue

將肥美的肉放在柴火上低溫長時間的慢烤，逐漸瀰漫出煙燻的香氣，再配上特製的佐料，這就是美國南方的經典美食Barbecue燒烤。德州燒烤善用橡木與胡桃木來燒烤牛肉、豬肉或香腸，一般不喜歡醬料，喜歡佐以餅乾、洋蔥或醃菜。

1865年德州原是美國主要棉花的產地，這裡因而僱用了許多非裔和拉丁裔的工人，當時的德國和捷克移民，看準了這個市場，開始發展烤肉技術，配合了當地盛產的牛肉和小橡木，因而發展出獨樹一格的德州風味烤肉。

Dickinson BarBQue & Steakhouse

2111 FM 517 Rd. E Dickinson, TX 77539／(281)534-2500

美國特色連鎖速食店Top 10

說到美國食物的第一印象，一定是麥當勞，美國可謂全世界速食業的龍頭。這裡介紹美國現在最IN、最好吃或有特色的TOP 10速食店，簡單方便又省錢，讓你在旅程中，抓緊荷包，同樣也可以吃出不一樣的好滋味。

TOP 1 Five Guys Burgers and Fries

跟著歐巴馬吃漢堡

1986年起源於維吉尼亞州(Virginia)的Five Guys，是非常盛行於美國東岸的一間熱門漢堡店，目前已擴展到全國多家。因爲總統歐巴馬也吃，而曾一時聲名大噪。曾獲Zagat Survey及數家雜誌或網站推薦爲全美最佳漢堡、最佳薯條，店裡供應漢堡、熱狗、三明治和薯條，特色爲漢堡上的加料(Topping)免費隨便你加，你可以自行搭配，薯條可以選印第安式(Cajun Style)的來嘗鮮，店裡免費花生吃到飽，滿地的花生殼，讓你有種豪邁的感覺。

佛羅里達分店／4821 New Broad St.／(407) 219-3366　華盛頓DC分店／1300 Second St.／(202)408-1635
其他分店／www.fiveguys.com

TOP 2 Chipotle Mexican Grill

學老美改吃墨西哥速食餐

吃膩了牛肉漢堡，速食店也有新鮮的選擇，原本就屬於比較健康烹調方式的墨西哥料理，遂成爲老美們心目中的新寵。1993年來自丹佛(Denver)，後來很快速的拓展到全美國，Chipotle裡的墨西哥料理，像是墨西哥捲餅(Burrito)、塔可餅(Tacos)、玉米捲餅(Quesadillas)等等，其實味道相當不錯，相較於便宜的價錢，實在是親民的好選擇。裡頭的肉材標榜大多是天然養成的(Naturally raised)，黑豆也盡量採用有機的，餐廳點餐的看板及菜單上，還標上各種菜式的卡路里，趕搭健康風，讓它以全美1,600多間的連鎖店，傲視群雄。

紐約分店／281 Broadway／(212)385-3506
舊金山分店／525 Market St／(415)278-0461
其他分店／www.chipotle.com

Blaze Pizza

披薩速食店的新黑馬

非常講究速度與高品質，一天服務800～1,000個顧客，但吃過以後，眞的覺得平價又好吃，有物超所値的好感。店裡有9種Pizza可供選擇，從白醬、青醬到紅醬都有，選擇好之後，所有的Pizza上的Topping都可以由自己決定，加料多到令你眼花撩亂，最後再放進大烤窯裡現烤，非常的快速又美味，現在分店遍布美國東、西兩岸，是最近幾年來異軍突起，最快速成長的速食披薩店，你一定要來嘗一嘗。

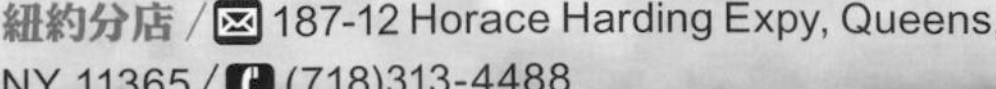

紐約分店 / 187-12 Horace Harding Expy, Queens, NY 11365 / (718)313-4488

洛杉磯分店 / 667 East Colorado Blvd, Pasadena, CA 91101 / (626)802-5352

其他分店 / www.blazepizza.com

In-&-Out Burger

美國西岸最好吃的漢堡

絕對是我心中漢堡的首選，曾被譽爲美國最好吃的漢堡之一，跟一般漢堡店大又粗的感覺相比，這裡的漢堡卻可以讓你吃出細膩的質感，講究完全是手工現場製作，就連薯條，也是客人點了之後，才開始削馬鈴薯皮，當場現炸，牛肉是每天進貨的上等牛肉，就連菜葉也是一片片仔細地剝洗，無怪乎雖然店裡只有3種口味的漢堡，卻令人趨之若鶩。

除了看板上的菜單，近年來老美還風靡它的「祕密菜單(Secret Menu)」，像是裡頭的祕密醬料野獸版(Animal Style)、3×3加料版、4×4超級無敵加料版、沒有麵包的蔬菜夾肉版(Protein Style)等，讓顧客有更多的選擇。1948年剛開始只是發跡於洛杉磯的一處得來速漢堡攤(Drive-thru Hamburger Stand)，現在在美國已擁有上百家分店，成爲美國Top 10最棒的漢堡店之一。

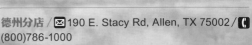

德州分店 / 190 E. Stacy Rd, Allen, TX 75002 / (800)786-1000

洛杉磯分店 / 7009 Sunset Blvd, Hollywood, CA 90028 / (800)786-1000

其他分店 / www.in-n-out.com

Habit Burger Grill

票選漢堡界天王

誰是美國人心中最愛、最好吃的漢堡？美國消費報導(Consumer Report)雜誌曾經做過大規模的調查，結果出爐，若論漢堡類的排名第一名是In-N-Out，第二名就是這個1969年來自加州聖塔芭芭拉(Santa Barbara)的Habit Burger。雖然價錢比In-N-Out貴一些，但同樣新鮮可口，讓你無法招架，原來吃漢堡也可以有這樣高質感的享受。Charburger是它的招牌漢堡，Tri-Tip Sandwiches擁有好口碑、還有炸青豆(Tempera Green beans)、地瓜薯條(Sweet Potato Fries)、甚至比奶昔(Shakes)還要更奶的摩卡瑪斯(Mocha Malts)等等。

紐澤西分店／✉3101 Promenade Blvd, Fair Lawn, NJ 07410／☎(201)475-3800
加州聖塔芭芭拉分店／✉628 State St, Santa Barbara, CA 93101／☎(805)892-5400
其他分店／http www.habitburger.com

Rubio's Fresh Mexican Grill

聖地牙哥塔可教父朝聖地

小小的塔可餅，包著浸過啤酒又酥炸過的魚片，及撒上檸檬、酸奶的高麗菜、莎莎醬，還有祕製白醬，真的是出乎意料的好吃！這個就是有「聖地牙哥魚餅塔可大王」之稱Ralph Rubio的發明。就是靠著這個美味的Fish Taco發了跡，如今連鎖店遍及加州、Arizona、Utah、Colorado和Nevada州，而1983年的原始Fish Taco，現在店裡還吃得到呢！

鹽湖城分店／✉358 South 700 East, Salt Lake City, UT 84102／☎(801)363-0563
拉斯維加斯分店／✉8431 Farm Rd., Suite 110 Las Vegas, NV 89143／☎(702)710-3404
其他分店／http www.rubios.com

Shake Shack

紐約叫我第一名

美國紐約第一名的漢堡，曾榮獲美國村聲及紐約客雜誌，推選紐約最佳漢堡的頭銜。如果來紐約，不到$10，就可以嘗到它的好滋味。經典漢堡Shack Bruger是包著上等百分之百Angus牛肉和大片蔬菜的，Smoke Shack是加上培根的，Shack Stack是蘑菇的雙乘加料版，濃濃的起司，材料多到都要流下來，再加上淋上香濃起司的薯條，簡直就是人間美味，最窩心的是，這裡還有專爲小狗準備的菜單：Pooch-ini是狗餅乾＋花生醬＋蛋奶糊，Bag O'Bones則是5塊特製的狗餅乾。

2004年時它只是曼哈頓一處小小的熱狗攤，如今遍及全美，紐約、費城、佛羅里達、D.C.、芝加哥，甚至俄羅斯、英國、日本都有分店。

圖片提供／許志忠

圖片提供／Allen Yeh

圖片提供／許志忠

紐約分店／154 East 86th St／(646)237-5035
佛羅里達分店／1111 Lincoln Rd, Miami Beach, FL 33139／(305)434-7787
其他分店／www.shakeshack.com

Panera Bread

點我最健康

全美國一千多間分店，曾獲得美國消費者雜誌讀者票選最佳速食店的前10名，2009～2012年被Zagat美食評價爲最值得一吃的流行餐廳之一，也被美國健康雜誌(Health Magazine)推選爲美國最健康的速食餐廳之一。

店裡除了麵包、瑪芬和貝果外，還供應熱湯、沙拉、早餐、三明治及義大利麵，三明治相當可口，食物很講究健康取向，有很多有機的食材。

洛杉磯分店／3521 E Foothill Blvd, Pasadena, CA 91107／(626)351-8272
拉斯維加斯分店／7175 W Lake Mead Blvd Suite 190, Las Vegas, NV 89128／(702)240-4480
其他分店／www.panerabread.com

White Castle 拇指漢堡長青店

美國第一間漢堡店，具有歷史性的時代意義，創立於1921年，最早一個漢堡才5分錢，後來從堪薩斯州(Kansas)一路發展，現在盛行於美國中西部及東部。

白色的城堡建築原是它的特色，它的招牌漢堡(Original Slider)是：2×2吋的方形小麵包，夾著100%的新鮮牛肉、洋蔥和醃黃瓜，迷你可愛，每年情人節，漢堡店還會有放上燭台的情人雅座，非常有意思。

紐約分店／✉2995 KENNEDY BLVD Jersey City, NJ 07306／☎(201)792-3645／**芝加哥分店**／✉2140 S Wabash Ave, Chicago／☎(312)949-0717
其他分店／http www.whitecastle.com

Portillo's Hot Dog 前進最夯熱狗店

想要嘗嘗好吃的熱狗，就來試試芝加哥Style的熱狗三明治(特色是不加番茄醬)，新鮮熱狗咬開時彈牙多汁，配上酸菜、洋蔥、番茄、酸黃瓜、辣椒，縱使是庶民小吃，也會讓你驚豔不已。

雖然有40多個分店，但只有在芝加哥、亞利桑納州和加州少數的幾個店可以吃得到，曾經榮獲美國雜誌「老美心中最棒熱狗店」的第一名。除了食材新鮮，服務好之外，特殊的懷舊布置很有意思，走出與一般速食店不一樣的風格。

芝加哥分店／✉100 W Ontario, Chicago, IL 606 54／☎(312)587-8910／**Tempe分店**／✉65 S McClintock Dr, Tempe, Tempe Marketplace／☎(480)967-7988／**其他分店**／http www.portillos.com

行家祕技

速食店外帶會話

Q：外帶英文怎麼說？

A：速食店點餐最後一定會問你這一句：To go or for here(外帶還是店裡吃)？要外帶就說「To go」，在店裡吃就回答「For here」。如果你是開車在得來速車道點餐，還會問你：Do you want to eat in the car(是問你要在車上吃嗎)？

Q：外帶需要付小費嗎？

A：不需要。

Q：外帶的飲料可以續杯(Refill)嗎？

A：一般速食店的飲料只要是可樂汽水類的，幾乎都是喝到飽，隨你續杯，外帶飲料通常也是給你空杯，隨你在飲料機加填，隨你refill沒人管。

Subway常見配料中英文對照

以下以潛水艇三明治(Subway)為例，認識披薩或三明治外加Topping的常見配料。

Pickle：酸黃瓜
Jalapeno：青辣椒
Cucumber：大黃瓜
Banana Pepper：墨西哥辣椒
Lettuce：生菜
Olives：橄欖
Tomato：番茄
Swiss Cheese：瑞士起司
American Cheese：美國起司
Avocado：牛油果
Red Onion：紫洋蔥
Spinach：菠菜
Mayo：蛋黃醬(美乃滋)
Sweet Onion：甜蔥醬
Mustard：黃芥末醬

美國名廚星星料理Top 7

頂級餐廳怎麼找

來美國尋找高級餐廳，記得這3個指標：Michelin Guide、Zagat、James Beard Foundation Awards，餐廳若能得到這3種的推薦，品質就會有一定的保障，但當然價格會貴一些。

米其林美食指南(Michelin Guide)：每年都會出版，等於是美食界的金像獎，餐廳最高榮耀3顆星，早已是世界名廚夢寐以求的目標，許多饕客更吃遍世界各地米林其餐廳，以累積「星星」爲樂。

Zagat Survey：始於1979年的美國老牌餐廳評比，分爲食物、裝潢和服務來打分，其網站(www.zagat.com)讓你免費查閱使用，但如今已被摩根大通銀行(Chase)收購。

James Beard Foundation Awards：被譽爲是美國美食界的奧斯卡，它是創立於1986年，爲了紀念美國偉大的廚師James Beard而成立的非營利基金會。每年會表彰當年年度最佳廚師、最佳餐廳、美食書及美食界記者等等，是美國美食界榮耀性的指標，可至網站(www.jamesbeard.org)查到歷屆得獎的最佳廚師及餐廳名單。

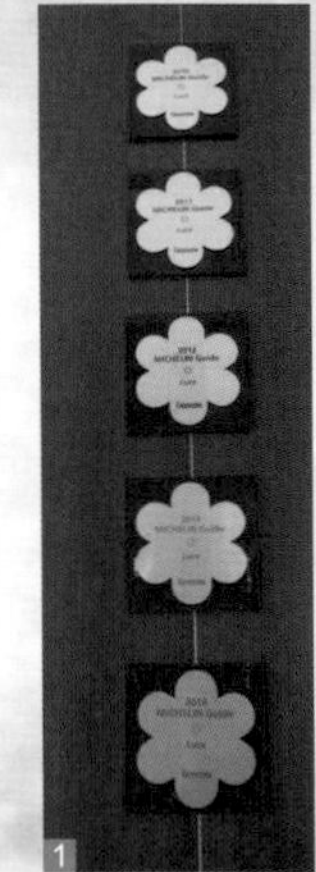

1餐廳以掛著米其林得獎標誌為榮 2Zagat Survey是另一種美食的光榮評比 3Campton Place Restaurant是舊金山多年榮獲米其林一星的美食餐廳 4美國高級餐廳都有Dress Code要求，穿著要高雅得體 5高級餐廳一定要事先訂位 6部分高級餐廳只供應晚餐，沒有午餐，行前須查清楚

頂尖名廚風雲榜

Thomas Keller

美國唯一能同時擁有2家餐廳米其林三星榮譽的廚師，曾被時代雜誌譽為美國最棒的廚師。

（圖片提供／謝岱玲）

Per Se / http www.thomaskeller.com/perseny/
✉ New York / ☎ (212)823-9335
French Laundry / http www.thomaskeller.com/tfl/
✉ Napa / ☎ (707)944-2380

Eric Ripert

同樣是米其林最高榮譽三星的大廚，以法式烹調見長。

Le Bernardin / http le-bernardin.com / ✉ New York /
☎ (212)554-1515

Alfred Portale

新美式料理(New American Cuisine)運動的先驅者，這種崛起於1980年代的食尚風，是將傳統美式料理，融合法式，甚至多國家鄉味的一種現代流風，其得獎且著作無數。

Gotham Bar and Grill / http gothambarandgrill.com /
✉ New York / ☎ (212) 380-8660

Alice Waters

加州菜(California Cuisine)的發明人，也是唯一可名留青史的女性廚師，美國總統歐巴馬白宮有機花園的參與者，得獎無數，以有機、當地當季新鮮農產，創造出加州菜的流風。

Chez Panisse / http www.chezpanisse.com /
✉ Berkeley / ☎ (510)548-5525

Mario Batali

以洗碗工起家，如今已是全美最佳餐廳的代言人，也被譽爲美國最有天分的廚師，最擅長義大利式的料理。

Babbo / http www.babbonyc.com / ✉ New York / ☎ (212)777-0303

Gary Danko

被譽爲全加州最棒的廚師，以美式結合地中海式的烹調手法見長，得到美國雜誌最高五顆星的肯定。

Gary Danko / http garydanko.com / ✉ San Francisco / ☎ (415)749-2060

Thomas Tom Colicchio

曾經得過5次James Beard Foundation大獎。

Craft / http www.craftrestaurantsinc.com / ✉ New York / ☎ (212)780-0880
Craft Steak / http www.craftsteaklasvegas.com / ✉ Las Vegas / ☎ (702)891-7318

行家祕技　到高檔餐廳用餐小叮嚀

想一嘗美國頂級餐廳的滋味，記得一定要在3個月前訂位(相信我！有些餐廳真的要3個月)，如果怕英文不好，無法電話訂位，使用網路訂位現在已非常普遍(www.opentable.com)。如果是為了慶生或慶祝結婚週年紀念而來，別忘了在訂位時備註或說明，有些餐廳會送你免費蛋糕或飲料。

美國一般餐廳小費約為總價的15%，但此等高級餐廳，服務都在水準之上，恐怕20%的小費跑不掉。別忘了高級餐廳多有服裝要求(Dress Code)，很多老美會穿著小禮服或西裝來用餐，你又怎能太失禮呢！

怎麼點咖啡

早上到咖啡店買一杯咖啡，是最道地的旅行方式，也最能體驗到當地人的生活。

約有80%的美國人飲用咖啡，其咖啡產值每年高達美金3億元，除了雄霸世界星巴克咖啡(Starbucks)的發源地——西雅圖(Seattle)，被稱為「咖啡之都」之外，美國各地大大小小的咖啡廳林立，店裡提供免費Wi-Fi上網、免費充電、部分可以續杯，幾乎是當地人不用說的傳統，好咖啡更是不難尋找。

大杯還是小杯？

以最普通的星巴克(Starbucks)爲例，中杯(Tall)是最多人點的尺寸。

Short：小杯＝8盎司＝240毫升

Tall：中杯＝12盎司＝360毫升

Grande：大杯＝16盎司＝480毫升

Venti：特大杯＝20盎司

濃度怎麼控制？

Shot是濃縮咖啡的單位，咖啡有Single和Double的分別，Double是2份Shot就是2份濃縮咖啡，Triple則是加了3 Shots，Quad是加了4 Shots的濃縮咖啡，一個比一個濃。

正在減肥怎麼點？

Low-fat：低脂

No-fat：脫脂

Skinny：指用脫脂奶調入咖啡中

No-foam：不加奶泡(特別是在點拿鐵時，這樣就只有咖啡＋牛奶)

No-whip：不加鮮奶油(特別在點摩卡時，就不在上面加鮮奶油Whipped cream)

Light whip：少量鮮奶油

Light syrup：少量香料

Light foam：少量奶泡

Sugar free：無糖

Decaf：不含咖啡因

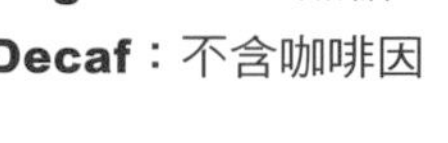

如何點咖啡不失手？

一般點摩卡或拿鐵是最安全的考量。如果對這間咖啡店有點信心，建議就點卡布奇諾或濃縮瑪奇朵來試試。口碑非常好的咖啡店，就點濃縮咖啡，因爲它最能喝出咖啡的原味；若有被稱爲Espresso精華版的Ristretto，那麼更要挑戰一下，濃度更高，通常會用迷你的濃縮咖啡杯(Demitasse)盛裝，沒有兩把刷子，是煮不出好的Ristretto的。

行家祕技　各種咖啡名及差別

■**Espresso**：義式濃縮

■**Espresso Macchiato**：濃縮瑪奇朵
濃縮咖啡+奶泡(Milk Foam)。

■**Caramel Macchiato**：焦糖瑪奇朵
濃縮咖啡+熱牛奶+香草糖漿+焦糖醬。

■**Caffe Latte**：拿鐵
濃縮咖啡+牛奶(Steamed Milk) +一點點的奶泡，牛奶多於奶泡，通常有拉花。

■**Cappuccino**：卡布奇諾
濃縮咖啡+牛奶+奶泡，奶泡多於牛奶)；Dry指奶泡多，Wet指牛奶多。

■**Caffe Mocha**：摩卡
濃縮咖啡+巧克力醬+牛奶+鮮奶油(Whipped Cream)。

■**Caffe Americano**：美式咖啡
濃縮咖啡+熱水。

■**Caffe Breve**：布雷衛／布列夫
1/2濃縮咖啡+1/2熱牛奶或1/2牛奶+1/2奶油(Steamed Half-and-Half)。

■**Misto**：咖啡密斯朵
滴濾式咖啡+熱牛奶。

■**Espresso Con Panna**：濃縮康保藍／維也納咖啡
濃縮咖啡+頂層覆蓋厚厚的鮮奶油。

全美15大最佳咖啡名店

Espresso Vivace Roasteria

Seattle分店／http espressovivace.com／✉532 Broadway E, Seattle, WA 98102／☎(206)860-2722

Victrola Coffee Roasters

Seattle分店／http victrolacoffee.com／✉310 E Pike St, Seattle, WA 98122／☎(206)624-1725

Verve Coffee Roasters

Santa Cruz分店／http www.vervecoffeeroasters.com／✉1540 Pacific Ave, Santa Cruz, CA 95062／☎(831)471-7726／**其他分店**／✉California

Four Barrel Coffee

San Francisco分店／http fourbarrelcoffee.com／✉375 Valencia St, San Francisco, CA 94103／☎(415)896-4289

Blue Bottle Coffee

San Francisco分店／http bluebottlecoffee.com／✉1 Ferry Building, #7 San Francisco, CA 94111／☎(510)653-3394／**其他分店**／✉New York

Peregrine Espresso

Washington D.C.分店／http peregrineespresso.com／✉660 Pennsylvania Ave SE, Washington, DC／☎(202)629-4381

Stumptown Coffee Roasters

Los Angeles分店／http stumptowncoffee.com／✉806 S Santa Fe Ave, Los Angeles, CA 90021／☎(213)337-0936
其他分店／✉Portland、 Seattle、New York

Ritual Roasters

San Francisco分店／http ritualroasters.com／✉ 1026 Valencia St, San Francisco, CA 94110／☎ (415)641-1011

Sightglass Coffee

San Francisco分店／http sight glasscoffee.com／✉ 270 7th St, San Fran-cisco, CA 94103／☎ (415)861-1313

Colectivo Coffee

Milwaukee分店／http colectivocoffee.com／✉ 2999 N Humboldt Blvd, Mil-waukee, WI 53212／☎ (414)292-3320

Partners Coffee

New York分店／http www.partnerscoffee.com／✉ 125 N 6th St, Brooklyn, NY 11249／☎ (347)586-0063

Blacksmith

Houston分店／✉ 1018 Westheimer, Houston, TX 77006／☎ (832)360-7470

Intelligentsia Coffee

Chicago分店／http intelligentsia coffee.com／✉ 53 E Randolph St, Chicago, IL 60601／☎ (312)920-9332
其他分店／✉ Los Angeles、New York

Coava Coffee Roasters

Portland分店／http coavacoffee.com／✉ 1300 SE Grand Ave, Portland, OR 97214／☎ (503)894-8134
其他分店／✉ Oregan

Panther Coffee

Miami分店／http panthercoffee.com／✉ 2390 NW 2nd Ave, Miami, FL 331 27／☎ (305)6773952

豆知識

朝聖美國咖啡聖殿

美國的咖啡聖殿在哪兒？那就是締造全世界咖啡傳奇——星巴克咖啡(Starbucks Coffee)位於西雅圖的第一間店。

擁有全世界兩萬多間分店，全球超過60多個國家據點，星巴克咖啡已經稱霸世界，成為全球最大的咖啡王國。成立於1971年，創辦人元老的鐵三角，一個是歷史老師Zev Siegl，一個是英文老師Jerry Baldwin，一位是作家Gordon Bowker，當時這三人從Peet's咖啡創辦人Alfred Peet那裡學到了咖啡的烘焙技術，奠定了基礎。

剛開始的星巴克，只賣咖啡豆，不賣咖啡，一直到1984年開到第6間分店，才在店裡設置了咖啡吧，1987年海沃蕭茲(Howard Schultz)看出了咖啡店必須結合時尚、更大眾化的經營，最後他出資買下了Starbucks的股權，將Starbucks推向了世界的舞台。

1971年的創始店位於西雅圖2000 Western Avenue，後來搬到了派克市場(1912 Pike Market)，如今這裡已成為西雅圖歷史性的地標，店裡仍然可以看到Starbucks最早的商標，一條棕色的裸胸雙尾美人魚。

星巴克創始店
http starbucks.com
✉ 1912 Pike Market Seattle
☎ 206-4488762

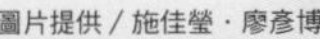
圖片提供／施佳瑩．廖彥博

用餐須知

雖然常常在台灣吃西餐，但來到異國用餐，還是有些飲食文化上的差異。

美國是種族大熔爐，可品嘗到各國精彩的美食，但近年來因為高通膨的影響，物價和餐費日益升高，除了學會精打細算外，結帳時更要格外留意檢查帳單，有些店家會自動加進18%的小費，稍不留意你有可能會付了雙重小費。

美國飲食大不同

教你做個道地的食客，了解美國餐廳有哪些大不同？

訂位：熱門餐廳一定要先訂位

熱門餐廳一定要先訂位，尤其是週五和週六，可以打電話或是上網www.opentable.com訂位。老美都習慣先訂位，不然就有得等了。

服裝：正式服裝少不了

高級餐廳會要求服裝(dress code)，若是穿短褲、T恤，就算有錢大爺也進不了。

打包：小狗剩菜包？

剩菜美國人都習慣打包，絕不覺得丟臉，但他們有人叫這種剩菜包是「Doggie Bag」(小狗剩菜包)。不過，老美的狗幸福得很，多吃專業狗罐頭，所以，到底是誰吃的呢？天知道！

小費：約15～20%

一般餐廳的小費約爲消費總額的15%，高級餐廳甚至到20%。如果同行的人很多，餐廳有時會直接將小費加進帳單裡。

各付各的：沒有誰占誰便宜的問題

通常在餐廳爲了搶付帳吵吵鬧鬧的，大概都是華人，當地人付帳時與「split the bill」，大家平均分攤。不要不習慣，這是他們的文化。

免費續杯：一次喝個過癮

如果點的飲料是可樂，大部分可以免費續杯；餐前麵包也是無限量提供。

點酒：有年齡限制

美國禁止21歲以下的人飲酒，如果被要求看護照，恭喜你！你真的看起來很年輕。

禁菸：餐廳多數禁菸

很多餐廳都是全面禁菸的，像台灣有分吸菸區、非吸菸區的餐廳比較少。

掃QRcode看菜單：手機保持電量

美國許多餐廳已改用手機掃桌上的QR Code看菜單，有的甚至可以在手機上直接下單點菜，最後也用手機結帳，無接觸式的服務方式在COVID-19之後甚受青睞。

蠟筆提供：兒童上餐廳不會無聊

通常在小朋友菜單(kid's menu)的背面，就是塗鴉的畫紙，很多餐廳會提供蠟筆供小孩塗鴉畫畫，打發他們等餐的時間。有些蠟筆還可以免費帶走喔！

貼心 小提醒

高級餐廳用餐禮儀

- 餐巾請平鋪在大腿上並蓋住大腿；餐巾可用於擦嘴，但不能用來拭臉。
- 刀叉、湯匙等餐具是由外側到內側逐漸使用，喝湯是用大匙；麵包在左邊、飲料在右邊。
- 調味料如果放得太遠，不可起身去拿，要請鄰座的人幫忙。
- 用完餐後可將刀叉並排擱在盤子上，這樣服務生就會來收。
- 吃牛排要用刀切成一小塊一小塊，不可整個拿起來啃。
- 喝湯時不能出聲。

行家祕技 如何用信用卡刷餐廳帳單

帳單應包括用餐費用、稅和小費，刷信用卡時小費部分要自己填，以下是刷信用卡時填寫帳單的範例。

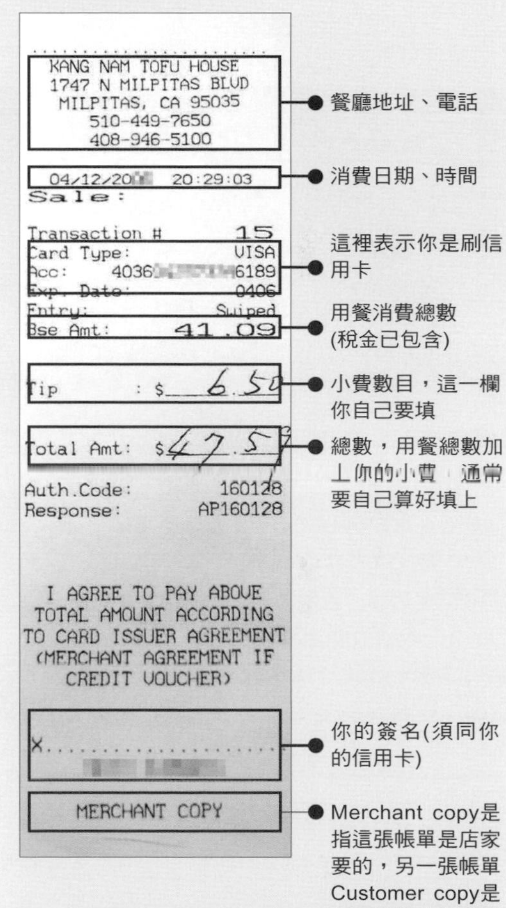
KANG NAM TOFU HOUSE
1747 N MILPITAS BLVD
MILPITAS, CA 95035
510-449-7650
408-946-5100
04/12/20 20:29:03
Sale:
Transaction # 15
Card Type: VISA
Acc: 4036 6189
Exp. Date: 0406
Entry: Swiped
Bse Amt: 41.09
Tip : $ 6.50
Total Amt: $ 47.59
Auth.Code: 160128
Response: AP160128
I AGREE TO PAY ABOVE TOTAL AMOUNT ACCORDING TO CARD ISSUER AGREEMENT (MERCHANT AGREEMENT IF CREDIT VOUCHER)
X
MERCHANT COPY

餐廳點餐步驟 Step by Step

Step 1 帶位

進入餐廳須由服務人員帶位，不可自行進入找位，如果對被分配的位子不滿意，可要求更換到你喜歡的位子，不會不禮貌。

Step 2 發配菜單與點飲料

發菜單時侍者會先粗略介紹飲料，過一會兒，侍者就會先幫你點飲料。如果不需要，就說「Water, please」，喝水就好了。

Step 3 點前菜、主餐

侍者會介紹今日特餐，並一一詢問點菜內容。

Step 4 點飯後甜點

主餐吃得差不多了，侍者通常會送上甜點菜單，你可以餐後點甜點、蛋糕或咖啡。

Step 5 結帳

用餐完畢準備結帳離開，只要直接跟侍者說「Check, please」即可，侍者會送上帳單。

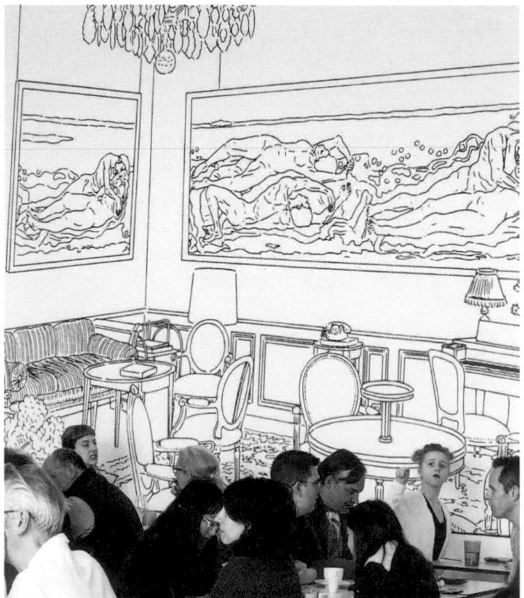

看懂菜單並不難

一般菜單會分成這幾大類：

Appetizers開胃菜
要節省餐費的話，可以省去開胃菜和甜點，直接進入主菜。

Lunch Specials商業午餐
商業午餐只在中午推出，通常價格比較便宜。

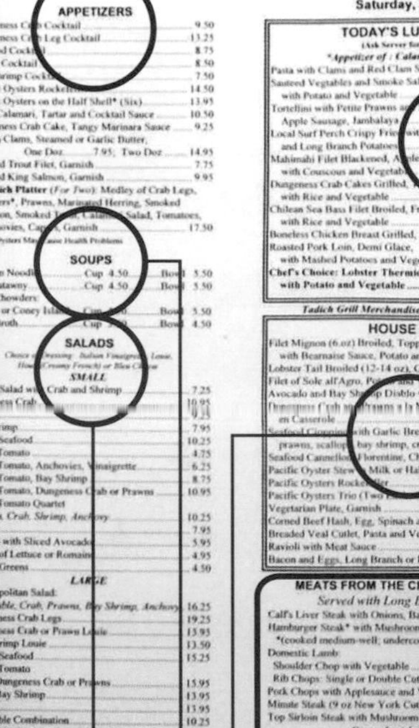
APPETIZERS
SOUPS
SALADS
SMALL
LARGE

Saturday, May 01, 2004

TODAY'S LUNCH SPECIALS
(Ask Server for Evening Availability)
Appetizer of : Calamari Vinaigrette......7.50

Pasta with Clams and Red Clam Sauce	15.25
Sauteed Vegetables and Smoke Salmon with Potato and Vegetable	15.25
Tortellini with Petite Prawns and Smoked Chicken Apple Sausage, Jambalaya	16.95
Local Surf Perch Crispy Fried with House Remoulade and Long Branch Potatoes	16.95
Mahimahi Filet Blackened, Apple Horseradish Sauce, with Couscous and Vegetable	17.95
Dungeness Crab Cakes Grilled, Tangy Marinara, with Rice and Vegetable	17.95
Chilean Sea Bass Filet Broiled, Fresh Dill Chardonnay Sauce, with Rice and Vegetable	19.75
Boneless Chicken Breast Grilled, Piccata, Rice and Vegetable	14.75
Roasted Pork Loin, Demi Glace, with Mashed Potatoes and Vegetable	15.95
Chef's Choice: Lobster Thermidor in the Shell, with Potato and Vegetable	26.95

Tadich Grill Merchandise Available Here, Ask Server

HOUSE SPECIALS

MEATS FROM THE CHARCOAL BROILER
Served with Long Branch Potatoes

CHARCOAL BROILED

PAN-FRIED

SAUTÉ

POACHED

DEEP-FRIED

SIDE ORDERS

VEGETABLES

POTATO

PASTA

RICE

DESSERTS

CHEESE

BEVERAGE

One Check Per Table—Cards Evenly Divided-Limit 4
MASTERCARD/VISA ONLY—NO PERSONAL CHECKS

Sales tax will be added to the price of all food and beverage items

Desserts甜點

Beverage飲料
如果是點汽水或飲料，可詢問侍者是不是可以免費續杯？(Are there free refills on the coke？)

Wine list酒單
價錢有一杯(Glass)和一瓶(Bottle)的兩種，不要看錯了！

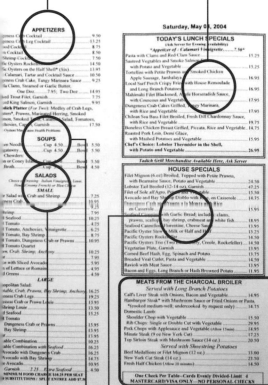

House Specials餐廳特餐
等於是餐廳的招牌菜，值得一點。

Soups湯
通常是湯或沙拉選擇一樣。

Salads沙拉
點沙拉時，侍者會接著詢問你要什麼沙拉醬(What kind of dressing would you like)？

Entrees主菜
最聰明的方法是直接詢問侍者這個餐廳的招牌菜是什麼？或是今日主廚特餐是什麼？(What is Today's special？)如果是點牛排，侍者會問你要幾分熟？(How would you like your steak？)千萬別像我第一次來美國，說seven(7分熟)，全場的人都愣了！牛排熟度的英文請見P.135的說明。

便宜食物哪裡找

自助旅行爲了節省經費，總是在吃的方面著手，以下是可以幫你節省經費的一些地方。

Food Court 美食街

各大百貨公司都會有Food Court，這裡就像台灣百貨公司裡的美食街或小吃中心，有不同攤位、種類豐富的食物，價格比餐廳便宜很多，而且不必給小費。

速食店

美國算是世界速食店的鼻祖，吃膩了麥當勞、肯德基也沒關係，可以嘗嘗台灣沒有的速食店，像是Carl Jr.、Arby's、Taco Bell、In-N-Out Burger……等，一餐$10以內就可以打發。

熟食店

只要看到餐廳標示有「delicatessens」、「Delis」的字樣，就是熟食店。這裡供應簡單的餐點，如三明治、漢堡……等，當然價格也很陽春。

Brunch 早午餐

Brunch指的是早午餐，早餐和午餐一起吃了就能省一頓的錢。一些餐廳在星期六、日會推出Brunch特餐，價優分量多，可以考慮。

善用Happy Houer和Early Bird

一些餐廳會推出Happy Hour(快樂時光)和Early Bird(早鳥特餐)，在這段時間來用餐會比正常時間來得便宜。如果想嘗試高級餐廳，不妨到那兒用午餐代替晚餐，同樣的東西，中午會比晚上便宜。

應用英語ABC

單字片語

開胃菜

Buffalo wings 辣雞翅
Crab cake 蟹餅
Stuffed mushroom 釀蘑菇
Sampler plate 拼盤

湯

Soup today 每日例湯
French Onion soup 法式洋蔥湯
Clam chowder 海鮮濃湯
Goulash 蔬菜燉牛肉
Gumbo 加秋葵的肉菜湯
Lentil soup 扁豆湯
Minestrone 義大利蔬菜濃湯

沙拉

Garden Salad 田園沙拉
Caesar salad 凱撒沙拉
Chef salad 主廚沙拉
Tossed salad 生菜沙拉
Spinach salad 菠菜沙拉
French 法式醬
Ranch 田園沙拉醬
Italian 義大利醬
Thousand Island 千島醬
Blue cheese 藍乳酪醬

主菜

Steak 牛排
Baby back ribs 豬背肋排
Prime rib 上等牛肋排
Filet mignon 菲力牛排
T-bone 腰骨肉(丁骨牛排)
Lean meat 瘦肉
Tenderloin 豬腰部的嫩肉
Veal 小牛肉
Meatloaf 肉塊
Drumstick 小雞腿
Thigh 大雞腿
Chicken breast 雞胸肉
Salmon 鮭魚
Catfish 鯰魚
Cod 鱈魚
Anchovy 鯷魚
Trout 鱒魚
Prawn 大蝦
Lobster 龍蝦

牛排熟度

Rare 3分熟
Medium-rare 4分熟
Medium 5分熟
Medium-well 7分熟
Well-done 全熟

烹調方式

Chili 辣味的
Tender 嫩的
Crisp 酥脆的
Moist 含水分的
Succulent 多汁的
Tangy 美味的(帶點酸味)
Rich 濃郁的
Light 清淡的
Spiced 加了香料的
Creamy 多乳脂的

應用會話

May I make a reservation for dinner on Friday?
我可以預約這個星期五的晚餐嗎？

We are party of six.
我們有6個人。

Does your restaurant have a special dress code?
你們服裝上有特別的要求嗎？

I am ready to order.
我準備好點菜了。

I have not decided yet. Could you give me a few minutes?
我還沒有決定，可以給我多點時間嗎？

May I have a crab cake for an appetizer?
我的開胃菜可以要蟹餅嗎？

I would like to have a Filet mignon for my main dish.
我的主菜要菲力牛排。

Could we have some more bread?
我們可以再多要點麵包嗎？

What is the house specialty?
這個店的招牌菜是什麼？

Could you give me some suggestions for the order?
你能夠給我一些點菜上的建議嗎？

What is this dish like?
這道菜是什麼做的？

How is this dish cook?
這道菜是如何烹調的？

Check, please. / We would like to pay separately.
我要結帳／我們要分開結帳。

Does this include the tip?
這個有包含小費嗎？

Could you charge the bill to my room?
你可以將帳單轉在住宿費下嗎？(住飯店餐廳用餐時)

There is something wrong with this bill.
這張帳單有些錯誤。

購物篇 Shopping

圖片提供／ Wenny Chen

美國買什麼最划算？

跳蚤市場、超級市場中的物美價廉商品，送禮自用兩相宜，最重要的是，還要教你怎麼撿便宜！

ROLEX
GHIRARDELLI
CHOCOLATE
SQUARES
Exclusive
San Francisco

購物關鍵字

大部分的東西在定價外還要加入營業稅才是最後的售價。

在美國，除了跳蚤市場外，是不能討價還價的；也只有在超市買水果時才能用手挑選。美國貨品的尺寸分類非常完整、精細，不像台灣只有S、M、L號，這裡從XS、M、L、 XL、XXL甚至到超小號的Petite，或是從0號到14號都有，能讓各種體型的人找到最適合自己的尺寸。特別的是幾乎都可退貨，買了再退、退了再買，顧客第一誰都不會給你三白眼；在美國購物不只是享受，更是一種幸福。

Coupon

購物前務必上網找Coupon，才能即刻省到便宜，推薦RetailMeNot這個折扣網站，可以找到幾乎全美有名商店的折價券。

http www.retailmenot.com

血拼啟示錄

各大百貨公司在國定假日大多會有減價活動。因此，若是你的旅程適逢美國國定假日，記得在當地買一份在地英文報，從廣告中找到打折的訊息，就能立刻省大錢！

介紹幾個非常好用的網站，可找到各大商家的折價券(Promo Codes)，只要手機能上網，不需列印出來，帶著手機秀給店家，即可立刻打折。

http www.dealsplus.com
http www.dealmoon.com
http www.retailmenot.com
http www.couponology.com

White Sale

聖誕節是美國人購物的大旺季，街上充滿了瘋狂搶購的人潮，打出超低折扣的商家有的早上6點就開門了！因為有些超低價商品有數量限制，所以，才一大清早，店門口就排滿了搶便宜貨的人潮，可謂是美國的購物奇觀！

血拼啟示錄

美國1年有2次大減價，一次是在夏天之前的6月初，一次是聖誕節過後的幾週，尤以聖誕節的大特價折扣最低。選擇減價季來旅遊，就能撿到便宜喔！

Outlets

原來貴死了的名牌，在Outlets裡通通委身下價，以超低的折扣賣給你。雖然有的是過季品、瑕疵品或展示樣品，但只要會挑會選、件件試穿，就能以3～7折的超低價買到BCBG、Gucci、Coach、Burberry、Ralph Lauren、Tommy Hilfiger、Calvin Klein……等大名牌。

血拼啟示錄

Outlets雖然便宜，卻多位於偏遠的郊區。如果沒有車代步，可以在市中心試著尋找Ross、Marshall's的蹤影，這些店是全美連鎖，裡頭也有降價的名牌商品，不過需要自己翻找。一般商家幾乎全年都有打折區，記得先別急著買，到Sale降價區逛逛再決定也不遲。

Thrift Store Flea Market Second-hand Store

喜歡挖寶的人，就別忘了到當地的跳蚤市場(Flea Market)和二手衣店(Thrift store或Second-hand store)裡晃晃，像是古董阿嬤級的雜誌、樂迷會感激涕零的老黑膠唱片、60年代的嬉皮染衫……等，眞的可以挖到寶！難怪老美人人愛逛二手店。

血拼啟示錄

美國人家門口有時也會舉辦出清家裡舊貨的Yard Sale或Garage Sale，這是美國文化的一部分，雖然觀光客未必有機會碰得到，但眞有朋友以$2買到收藏級的古董相機！

Return Exchange Store Credit

幾乎所有的東西不滿意都可以退換，就連粉底擦了一次，覺得顏色不對，也可以拿回去退。在美國顧客第一，只要在一定的退貨期限內，東西都可以無條件退(Return)或換(Exchange)。有時商家是給你商店信用(Store Credit)，下次可以憑證購買，但只限在該店內使用。

血拼啟示錄

每家退換貨期限不同，通常在收據背後會有Return Policy的說明，一般是14天，但也有1個月的，Macy's百貨公司則有180天的期限。退貨時須有收據，並保留物品的吊牌；若你遺失了收據，有些商家還是可以退，但是是給你Store credit。一般Final sale和Clearance的商品不能退，商家會在付款時告訴你，你自己也要留意。

Black Friday

被稱爲黑色星期五的Black Friday，是指每年感恩節過後一天的大打折，每年11月的第4個週四爲感恩節(Thanksgiving Day)，它的第二天，也就是11月第4個週五就是黑色星期五，這一天，所有商店都會瘋狂大降價，老美通常也喜歡在這一天選購即將到來的聖誕禮物，它是聖誕購物旺季的開打日，所有商店的全面打折和優惠，絕對讓你買到噴鼻血。

據說這一天被稱爲黑色星期五，是因爲一般商店都用不同顏色的筆來記賬，通常紅色是表示赤字，黑色是表示盈餘，因此用黑色星期五(Black Friday)，來表示商店最大的盈利日。

撿便宜請提前一天行動

千萬不要等到星期五那天才行動，近年來很多商店在感恩節星期四的晚上，就已經開始有打折的活動，過去許多商店將黑色星期五的打折商品視爲祕密。近年來，在黑色星期五開始前一週，有些網站已經貼出某些商店的黑色星期五打折目錄，注意某些提供折扣訊息的網站，將可以幫助你撿到大便宜。

部分的商家，會推出限量的超低價商品，像是0元手機、100元筆電等，因爲先到先搶，儘管商家在凌晨就開門，在商家門口徹夜大排長龍，或開門後顧客拉扯搶奪的新聞，早已是見怪不怪的事了。

Cyber Monday

如果黑色星期五沒買夠，還可以等到Cyber Monday再繼續撿便宜。感恩節假期結束後的第1個星期一，即是所謂的網購星期一(Cyber Monday)，這一天，各大商家會在網路上大打折，你可以上網網購，即可以撿到折扣，並可以避免到商店去大排長龍。

戰利品寄送小提醒

美國的網路購物除非選擇1～2天到達的快捷寄送(郵費很貴)，一般免費的寄送，最好預留7～10天的寄送日，如果你的旅遊天數短於這個時間，最好別下單，免得到時會收不到。

行家祕技　消費稅(Sales Tax)

在美國購物，標價並非最後的價錢，通常都需要再加上消費稅(Sales Tax)。美國各州消費稅均不同，某些為免稅州，如德拉瓦(Delaware)、蒙大拿(Montana)、新罕布夏(New Hampshire)、奧勒岡(Oregon)，其他州的消費稅約在5～9%之間，有些州會針對特定商品免稅，例如紐澤西(New Jersey)、康乃狄克(Connecticut)、賓夕法尼亞(Pennsyvania)針對衣服和鞋子，在某個金額內不會扣稅。稅率隨政府政策而逐年改變，詳情可上網查詢。

美國因為沒有國稅，消費稅都是州政府收去，因此無全國性的稅可退，只有少數州，某些限制商品或限制金額，可以辦理退稅，如德州和路易斯安那州，記得在商場Tax Back Office索取退稅說明，基本上需要外國護照及往返美國的機票證明。

建議盡量到免稅州去購物，例如紐約客就喜歡到臨近買衣服免稅的紐澤西購物，舊金山人有時會開長途車到奧勒岡州去買高價的商品來省稅。

http taxfoundation.org

超市挖寶趣

物美價廉的超級市場，是購買平價紀念品的一級戰區。

圖片提供／許志忠

逛超級市場是融入美國生活的一部分，這裡其實是選購小紀念品的最佳戰場，除了可以買到一般雜貨食物外，還可以買到化妝品、保養品甚至是旅行中的救急家庭用藥。

逛超市樂趣多

推車大到可以裝家當

門前或店裡都有推車，這裡市場裡的推車比台灣的大多了，很多流浪漢喜歡偷推車來裝家當，所以在少數超市，使用推車須先投入$25分錢，還車時再退回。

有機健康飲食多樣化

從很多食品上都標榜著無糖(Sugar Free)、脫脂(Fat Free)、低脂(Low Fat)、有機(Organic)等字樣，就可以看出美國非常提倡健康飲食，尤其是低脂和有機商品之多樣化，眞是讓人眼花撩亂。

維他命便宜很多

架上的善存比台灣便宜一倍，維骨力或其他各種維他命也都比台灣便宜很多，非常划算。

美國品牌集大全

許多美國化妝品或保養品牌都在超市裡找得到，例如露華濃(Revlon)、歐蕾(OLAY)、小蜜蜂爺爺(Burt's Bees)等，而且在超級市場裡賣得超便宜，尤其是小蜜蜂爺爺，通常只要用一半的價錢就可以買到。

美式服務顧客至上

結帳時，店員會問「Do you need the help out?」(需要幫你提貨上車嗎？)沒錯！由店員幫你提貨到車上，美國眞是顧客至上呀！

倡環保，有的袋子要花錢買

結帳時店員通常會詢問要塑膠袋(Plastic)或是紙袋(Paper)。還有些城市的超市要自備購物袋，袋子需另外加錢購買，如舊金山。

超市掃貨大全

巧克力

有許多當地特產的巧克力，價格絕對比觀光區便宜太多。

Ghirardelli 巧克力

Lindt 超純濃黑巧克力

地標紀念品

不想當被削的冤大頭，在超市買當地的地標紀念品，絕對划算。

矽谷臉書紀念杯

熊愛舊金山

電影小物

美國熱門電影特色紀念品，追星族必敗。

Q版星際大戰洗髮精+潤髮乳

星際大戰可愛便當盒

糖果餅乾

除了美國最有名的雷根糖(Jelly Belly)之外，還有很多有趣的小零嘴，像是標榜無糖(Sugar Free)的巧克力或糖果，是減重者的最愛。

米老鼠造型糖果

全天然代糖甜菊素Stevia隨身包

特色零食

美式零嘴不再只是爆米花與薯片而已，近年吹起健康風潮，架上多了好多新奇的口味。

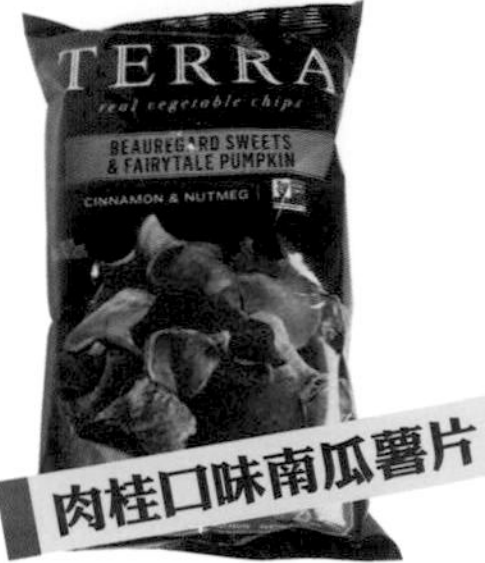

肉桂口味南瓜薯片

有機美式牛肉乾

辣芒果萊姆烤豆莢

純天然有機無花果乾

玩具

在迪士尼專賣店賣超貴的紀念品，超市有時可以便宜撈到寶。

米老鼠可愛玩偶

當地特產咖啡

可以買到當地特產的特色咖啡，這些台灣沒有的知名好咖啡，絕對是最佳伴手禮。

Sight Glass Coffee

Philz Coffee

Ritual Coffee

Blue Bottle Coffee

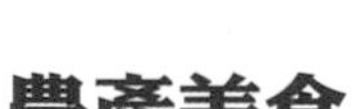

農產美食

當地的手作農產食品，送禮自用兩相宜。

Boudin海鮮濃湯罐頭

天然水果石榴粉

葡萄酒

當地特產的葡萄酒，也是最佳伴手禮之一，但記得不能放手提行李，只能託運，而且以一瓶為限。

加州Napa Sterling酒莊葡萄酒

開架式化妝保養品

平價的開架式保養品，像是歐蕾、小蜜蜂爺爺等，價錢有些比台灣便宜太多。

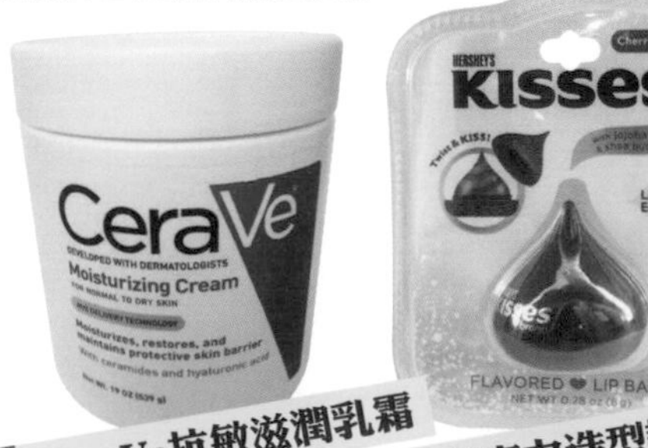

CeraVe抗敏滋潤乳霜

Hershey's巧克力造型護唇膏

純天然有機商品

一般超市都可以找到許多的有機商品，如果有幸拜訪美國的有機超市，像是Whole Foods、Trader Joe's、Raley's、Sprouts、Big Bear Natural Foods、Fairway Market等等，裡頭的有機商品琳琅滿目，絕對會讓你大開眼界。

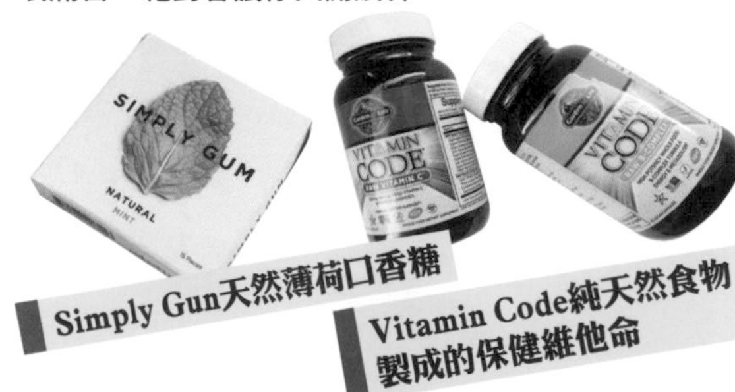

Simply Gun天然薄荷口香糖

Vitamin Code純天然食物製成的保健維他命

自助結帳機使用步驟 Step by Step

Step 1 找到自助式結帳機

Step 2 把空塑膠袋放在秤重區，按下Start

Step 3 找到貨品的條碼

Step 4 將條碼對著感應區，會聽到「嗶」一聲

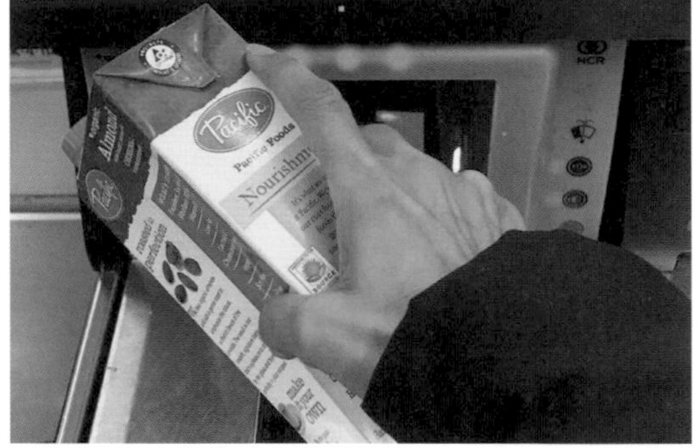

Step 5 所有物品感應條碼完畢後，按下Finish & Pay

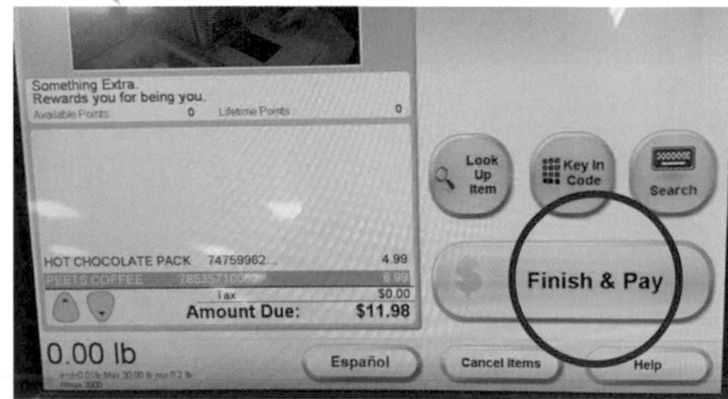

Step 6 輸入你要購買的紙袋或塑膠袋數量

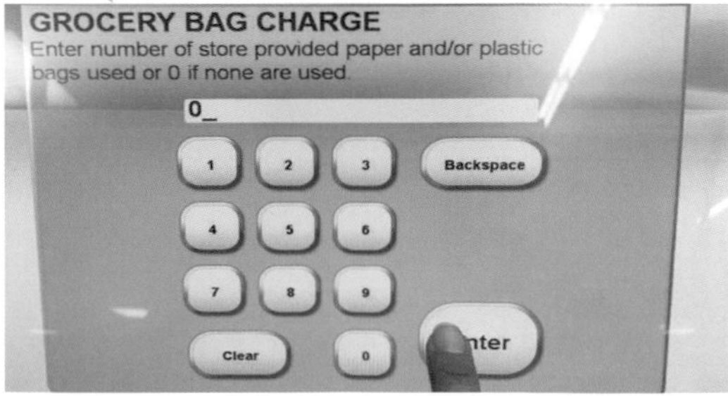

Step 7 選擇付款方式

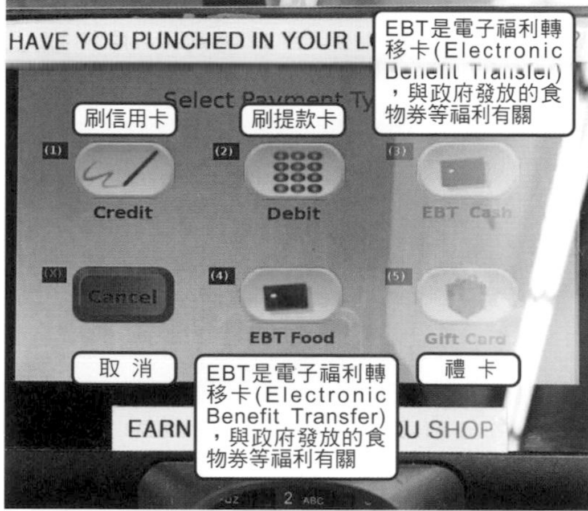

Step 8 確定購買金額

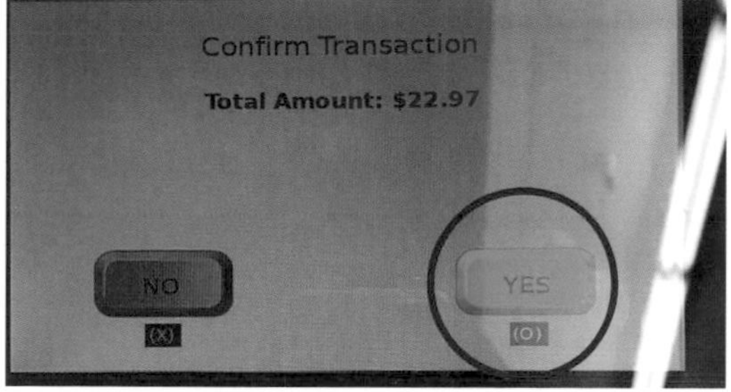

Step 9 取出收據，拿走貨品

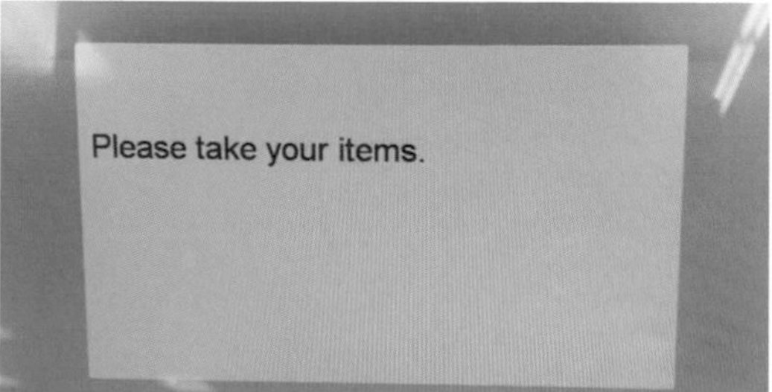

行家祕技 看懂超市折扣標籤

兩個10元
(或買一個$5.99)

75折

第二件5折

買一送一

第二件免費

買20元得5元點數

行家帶路撿便宜

帶你認識美國必敗的24大名牌。

24個必敗美國名牌

當地買當然價格優惠，除了在專賣店買會便宜個7、8折外，有時Outlets或Discount Store也會出現他們蹤跡，幸運的你將撿到大便宜。

Coach

價差超高的美國名牌，有時Outlets可讓你3折買到。

http www.coach.com

Tumi

使用降落傘和防彈材質，在台灣貴到上萬的行李箱，有時在Outlets只要5折到手。

http www.tumi.com

Michael Kors

實用又有時尚感的設計，深受時尚人士喜愛。

http www.michaelkors.com

LeSportsac

輕穎時尚包款，採用降落傘材質製作，重量超輕花色又多，旅行背包客最瘋。

http www.lesportsac.com

Kipling

超輕的小猴子包，雖然不是美國品牌，但在美國買比台灣便宜很多。

http www.kipling-usa.com

Ralph Lauren

經典的美國貴氣名牌，尤其它的騎馬Polo衫，簡直是美國時裝的代表。

http www.ralphlauren.com

Calvin Klein

創立於1967年的美國經典名牌，大多數的Outlets都有，副牌為CK by Calvin Klein價格較便宜。

http www.calvinklein.us

Abercrombie & Fitch

最知名的百年美國休閒服飾，超舒適的棉質感，美國年輕人的最愛。

http www.abercrombie.com

Kate Spade

來自紐約色彩繽紛的活力設計，是時髦青春版的必敗品。

http www.katespade.com

DKNY

被譽為全美最佳服裝設計師Donna Karan的副牌，風格簡約中性。

http www.dkny.com

Under Armour

全美最潮的運動服，由1996年一個美國的橄欖球隊隊長所成立的。

http www.underarmour.com/en-us

Timberland

Timberland黃靴可謂美國休閒鞋經典，在台灣定價上萬的手錶，曾在美國只花約台幣3,000元買到。

http www.timberland.com

Victoria's Secret

最受歡迎的性感時尚內衣品牌，充滿了浪漫綺麗的氛圍，可謂全世界時尚內衣界的佼佼者。

http www.victoriassecret.com

Croc's

最舒適的膠底時尚拖鞋，是來自於美國科羅拉多州的品牌。

http www.crocs.com

Fossil

美國最大的手錶品牌，成立於1984年，時尚的配件設計，深得許多年輕人的喜愛。

http www.fossil.com

Columbia

全美頂級的戶外運動服，台北買超貴，Outlets掃貨可以撈到大便宜。

http www.columbia.com

J Crew

美國總統歐巴馬夫人在總統就職典禮中就曾穿過此品牌的衣服，設計親民休閒，號稱美國「國服」呢！

http www.jcrew.com

Tommy Hilfiger

1985年成立的美國品牌，崇尚自然、休閒風、品牌色彩與美國國旗類似，非常美式風格。

http usa.tommy.com

Levi's

曾風靡全世界的501牛仔褲，你怎能沒有一條？

http www.levi.com/US/en_US

Tory Burch

時尚名媛最愛它的盾牌鞋，包款適合上班族。

http www.toryburch.com

Guess

輕熟女的最愛，強調性感及個性，以緊身性感牛仔褲起家。

http shop.guess.com/en

Banana Republic

美國最成功的服裝品牌，以高質感、簡約的設計，擄獲許多上班族的心。

http bananarepublic.gap.com

Gap

時裝界的星巴克，最受歡迎的平價休閒服。

http www.gap.com

A/X

知名設計師Armani的副牌，Outlets購買非常划算。

http www.armaniexchange.com

尺碼對照表

女裝								
美加	2	4	6	8	10	12	14	16
歐洲	30	32	34	36	38	40	42	44
日本	5	7	9	11	13			

男裝								
美加	34	36	38	40	42	44	46	
歐洲	44	46	48	50	52	54	56	
日本	S	M	L	XL				

女內衣			
美加	32ABCD	34ABCD	36ABCD
歐洲	32ABCD	34ABCD	36ABCD
日本	70ABCD	75ABCD	80ABCD

男襯衫								
美加	14.5	15	15.5	16	16.5	17	17.5	18
歐洲	37	38	39	40	41	42	43	44
日本	37	38	39	40	41	42	43	44

女鞋								
美加	5.5	6	6.5	7	7.5	8	8.5	
歐洲	36	36	37	38	39	40	41	
日本	22.5	23	23.5	24	24.5	25	25.5	

男鞋								
美加	7	7.5	8	8.5	9	9.5	10	
歐洲	40	40	41	42	42	43	43	
日本	24.5	25	25.5	26	26.5	27	27.5	

在美國如何便宜買？

美國的生活物價指數雖然比台灣高，但只要懂得門路和要訣，一樣可以四處撈便宜，3大私房撇步大放送，帶你省到最高點。

善用折價券

除了買一份星期天的英文報紙，裡頭通常夾報的折價券(Coupon)會多得跟山一樣多之外，上網逛逛你想去的商場或名店，有時也會找到折價券或打折的訊息。美國網站上的折價券通常有兩種，一種叫「Promo Code」，這組折扣號碼用於網購，在網路下單時輸入就立刻省，另一種叫「Printable Coupon」，你可以列印下來，購買時出示，或是用手機拍下這個頁面，結帳時用手機出示，售貨員會刷你頁面上的感應電子條碼，立刻打折。

還有美國Top 3熱門折扣網，逛街前先瀏覽一下，上面有各個商家的最新打折訊息，還可搜尋到各式折價券。

Top 3熱門折扣網看這裡

- www.retailmenot.com
- www.dealmoon.com
- www.dealspl.us

＊以上資料時有異動，以官方最新公告為準。

到Outlets挖寶

在美國購買美國出品的名牌當然最划算，如果又是在Outlets買，簡直會買到機票都賺回來了。上網到www.outletbound.com可以讓你找到全美各地的暢貨中心(Outlets)，到達暢貨中心後，別忘了到它的服務中心走一遭，那裡有時還有折價券可以拿，幫你省到最高點。

尤其是每年感恩節過後一天的黑色星期五(Black Friday)，以及聖誕節之後，全美商店都會瘋狂大降價，此時Outlets將減價到高點，除了人山人海的人潮之外，到時最困難的恐怕不是停車位難求，而是誰都很難守住自己的荷包吧！

折扣連鎖店撿便宜

這些大型的折扣店(Discount Store)通常賣場很大，有時翻翻找找也會找到一些名牌的蹤跡，但需要翻找的功力，只要撈到，價格肯定包滿意，像Ross、Marshall's、T.J.Maxx、Century 21等等，另外，DSW是鞋子類的折扣名店，HomeGoods則是家飾類的折扣商場。

單字片語

購物

On sale　打折

Clearance　清倉大拍賣

Irregulars　瑕疵貨

Refurbish　開封過的新貨

Rebate　正常價外還有退款

Final Sale　最後折扣

Raincheck　購物憑證

(當大減價時你欲購買的物品缺貨，商家會給你Raincheck，下次憑Raincheck便可依大減價的價錢購買)

Additional 70% off　定價外再打3折

Additional discount taking at the register
櫃檯付款時還有額外的折扣

看懂劇場座位

Orchestra Seat　劇場1樓正前方的上等座位

Balcony　劇場2樓座位

Loge　劇場包廂

Gallery　劇場頂層座位

Mezzanine　劇場中層樓座位(介於1樓和2樓間)

應用會話

Hello! May I help you?
哈囉！請問需要什麼嗎？

I am just looking, thank you.
我隨便看看，謝謝。

Yes, I am looking for the shoe department.
是的，我正在找鞋子專櫃。

Yes, where is the fitting room / lady's room?
是的，試衣間／廁所在哪裡？

May I try on a bigger size?
我可以試穿再大一號的嗎？

Could you hold this skirt for me?
你可以幫我保留這件裙子嗎？

Could you order it for me?
你可以幫我調貨嗎？

Do you have any promotions right now?
你現在有任何的促銷活動嗎？

Could you give me a bigger discount?
你可以給我更多的折扣嗎？

Sorry, it does not fit me right.
對不起，它不適合我。

It is a little too expensive for me.
它對我來說有點貴。

Could I think about it?
我可以考慮一下嗎？

It is over my budget.
它超過我的預算了。

How do you like to pay? Cash or charge?
你要如何付款？現金還是刷卡？

I will pay by credit card.
我用信用卡付款。

May I pay in installments?
我可以分期付款嗎？

Excuse me, could you take my picture?
對不起，可以請你幫我照張像嗎？

May I take your picture?
我可以幫你照相嗎？

May I take a picture with you?
我可以和你拍張照嗎？

One more, Please.
請再拍一張。

Are we allowed to take picture in here?
這裡可以拍照嗎？

What's playing on xxx theater today?
今天xxx戲院演什麼？

I would like to have two adult tickets for Phantom of the Opera at the Current theater.　兩張在Current劇院上演的《歌劇魅影(Phantom of the Opera)》成人票。

Is that for the matinee or the evening show?
你要日場的還是晚場的？

Sorry, the ticket is sold out.
對不起，票賣完了。

Is any seat available on this Sunday?
這個星期天還有任何的座位嗎？

We have two seats in the balcony.
我們2樓還有2個位子。

How much is this show?
這場秀多少錢？

玩樂篇
Sightseeing

圖片提供／ Wenny Chen

美國哪裡最好玩？

地大物博的美國，擁有豐富的自然人文景觀，更介紹許多不可錯過的主題活動與精彩節慶，讓你在抵達美國之前，就掌握玩樂重點。

圖片提供／ Wenny Chen

優勝美地國家公園 (圖片提供 / 蔡文)

美國5大必體驗

除了跟著旅遊書，玩遍所有該玩的城市旅遊景點之外，內行玩家還會懂得在行程當中，加上以下的5件事，幫助你玩出大美國的深度與廣度，讓自己的旅遊版圖大升級。

體驗1 國家公園健走

地大物博的美國，沒有參訪過它的國家公園，怎算領略到大美國的雄偉與壯麗。從森林，冰川、沙漠、峽谷、瀑布、火山、岩石各式詭譎又美麗的地形中，感受到大自然的鬼斧神工，強烈建議你在行程中加入至少探訪一個國家公園，無論是在公園中健走、爬山、露營或泛舟……，美國59座國家公園，其中有14座已經列入世界文化遺產，正等著你來好好挑戰。(詳見P.158)

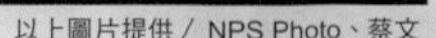
以上圖片提供／NPS Photo、蔡文

體驗2 拜訪名人故居

美國的歷史才短短200年，為何能成為全世界的超級大強國，這些名垂青史的名人，或許就能幫你找到答案。走訪名人故居，有如翻開一本發黃的老書，娓娓記載著歲月的刻痕及許多動人的故事，這是講究深度的背包客們，絕對不要錯過的。(詳見P.167)

以上圖片提供／鄭琬瑩

體驗3 體育活動掀高潮

在運動風氣超盛的美國，不來看場道地的球賽，或是從事一些刺激的體育活動，怎算來過美國？美國非常盛行戶外活動，尤其是冬季的滑雪，對身處於亞熱帶的我們來說更顯新鮮，如果是冬季來美國，真心推薦安排一次滑雪之旅。

球賽記事簿

棒球季

4月第1週～隔年10月
美國職棒大聯盟MLB：www.mlb.com
購票網：www.mlb.com/tickets

籃球季

時間：11月～隔年6月
美國職業籃球NBA：www.nba.com
購票網：nbatickets.nba.com
www.ticketmaster.com/nba

足球季

時間：9月～隔年2月
美式足球NFL：www.nfl.com
購票網：www.nfl.com/tickets

美國最棒滑雪度假村(Ski Resort)

阿拉斯加：Alyeska Resort
加州：Mammoth Mountain
不列顛哥倫比亞：Whistler-Blackcomb
加州：Northstar
科羅拉多州：Snowmass Resort、Telluride
猶他州：Alta、Snowbird
懷俄明州：Jackson Hole Mountain Resort
密西根州：Mount Bohemia

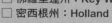

體驗4 漫遊小鎮風光

尋找一天到鄰近的小鎮漫遊，什麼事也不做的閒晃，逛逛街邊的小店，來一杯道地的咖啡，悠閒的氣氛下好好地放鬆，跟著當地人的腳步，體驗一下小鎮生活，你會發現這會是你最難忘的一天。例如紐約客，可以造訪哈德森河谷的幾個著名小鎮，舊金山人則喜歡到Napa或Sonoma酒鄉去品酒度假，或到離島Sausalito，或往南到影星克林依斯威特當過鎮長的Carmel小鎮去散心，科羅拉多州的Telluride是個非常優美的小鎮，華盛頓的Port Townsend則以美麗的維多利雅港灣著稱 。

Check List !!

美國Top10最美小鎮

- ☐ 南卡羅來納州：Charleston
- ☐ 紐約州：Saratoga Springs
- ☐ 田納西州：Franklin
- ☐ 喬治亞州：Rome
- ☐ 加州：Julian
- ☐ 加州：Carmel
- ☐ 佛羅里達州：Fort Pierce
- ☐ 科羅拉多州：Berckenridge
- ☐ 佛羅里達州：Key West
- ☐ 密西根州：Holland

體驗5

結合精彩節慶

熱鬧的節慶是人文的縮影，根據自己旅遊的月分，盡量與當地的節慶活動做結合，譜寫這趟旅行的精彩，就是這麼簡單。先參考右頁的美國節慶日，再到旅遊城市的官方網站搜尋一下，即可找到相關的慶祝及節慶活動。

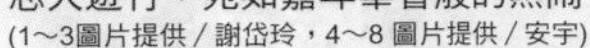

1每年2月底或3月初在紐奧良舉辦的Mardi Gras，是美國最大的嘉年華會 2Mardi Gras前夕，紐奧良家家戶戶都裝飾得五彩繽紛 3在遊行隊伍中拋出許多珠串，已經成為Mardi Gras的傳統 4同志大遊行出現的彩虹旗，已是舊金山同志象徵的國旗了 5同志大遊行中可以看到許多變性變裝的精彩裝扮 6美國各大企業例如蘋果電腦，也組隊參加 7 8每年6月舉辦的舊金山同志大遊行，宛如嘉年華會般的熱鬧
(1～3圖片提供 / 謝岱玲，4～8 圖片提供 / 安宇)

1

2

3

4

5

6

7

8

不容錯過的美國節慶

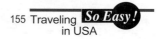

季節／慶典	內容	資訊
1月 **新年倒數＋煙火表演**	除夕夜在紐約時代廣場寒冬中倒數，看時代廣場的大蘋果落下。或洛杉磯看花車大遊行，或舊金山看港灣煙火施放。 **作者悄悄話：**屆時會大塞車或找不到停車位，一定要提前前往。	🖂 紐約時代廣場 洛杉磯Pasadena市 舊金山漁人碼頭
2月底或3月初 **Mardi Gras狂歡大遊行**	美國最盛大的嘉年華會，每年估計有500萬人參加，是美國大學生心中的朝聖地。 **作者悄悄話：**為期2個星期，遊行隊伍會在遊行中拋出很多的珠珠(Bead)項鍊，眾人搶著搜集這些珠串，已經變成了一種傳統。	🖂 紐奧良Garden District, Canal St http www.mardigrasneworleans.com
4月 **國家櫻花祭** **(National Cherry Blossom Festival)**	7,000株櫻花開在Tidal Basin湖畔，在為期3個星期的櫻花祭中，賞櫻潮外還有大型遊行和表演等各項活動。 **作者悄悄話：**櫻花盛開的日期通常因為每年氣候不同而很難預測，歷年來的平均日期是落在4月4日，但每年均會有所改變，行前一定要先上網查詢。	🖂 華盛頓DC 林肯紀念館 http cherry.flywheelsites.com
6月初 **芝加哥藍調音樂節** **(Chicago Blues Festival)**	是全世界最大的藍調音樂節 ，也是芝加哥每年最大的音樂盛事，每年有超過50萬的遊客，在戶外的舞台上，有多個樂團多個舞台同時演奏，聽的人如痴如醉 ，甚至有人還說：如果你不是藍調迷的話 ，聽完這兒你就會是了。 **作者悄悄話：**全部免費的音樂會，大多舉行在6月為期4天，世界一級的藍調音樂手齊集於此，真的不要錯過。	🖂 格蘭特公園(Grant Park) http www.choosechicago.com/chicago-blues-festival
6月底 **同志大遊行** **(Gay Parade)**	6月最後一個週日舉行，數萬同志上街頭變裝、遊行與舞會。 **作者悄悄話：**前一晚在Castro street會有慶祝活動。	🖂 舊金山Market street
10月 **萬聖節** **(Halloween)**	變裝大舞會或遊行。 **作者悄悄話：**不參加舞會，就在家等小朋友按門鈴給糖的「Trick-or-Treat」傳統活動，一些農場還會舉辦南瓜比重大賽。	🖂 洛杉磯West Hollywood 紐約Greenwich Village 紐奧良的French Quarter 舊金山的Castro district
12月 **聖誕節** **(Christmas)**	內容：聖誕樹點燈活動多在12月初舉行。 **作者悄悄話：**此時公園多設有臨時滑冰場，可以試試滑冰難得的滋味。聖誕節過後商店會有大打折，是最熱門的購物旺季。	🖂 紐約洛克斐勒中心 華盛頓DC橢圓形草坪 舊金山牛宮「狄更斯聖誕園遊會」

北加州

—文藝復興節變裝秀—

今天的講話，要帶點英國腔！聽到「陛下！陛下！Majesty！」的呼聲，可別以爲是耳朵壞了，英國依莉莎白一世女王(Queen Elizabeth I)出巡了，你在衆人行禮圍湧的街道上，目睹了她的眞風采，就連旁邊販賣的小販，也是用濃濃鼻音的英國腔在和你討價還價。隔壁的騎士居然騎馬打起架來了，兇狠的海盜正坐在樹下磨刀，那些在圖畫裡、在電影裡、在電視影集裡才看得到的畫面，居然活生生的出現在眼前，甚至伸手可觸，你好像也變成了其中的一分子了。

帶你重返歐洲文藝復興時代

有沒有搞錯？現在是如假包換的21世紀！但是在這裡，時空已經反轉到了歐洲1490～1630年的文藝復興(Renaissance)時代，別以爲只有乘坐時光機才能回到過去的世界，在這個號稱全世界最大化妝舞會的節慶「北加州文藝復興節(Northern California Renaissance Fair)」上，你也有機會，重回歐洲500年前的一天。

在這個奇特的節慶裡，所有來到這裡的人，都必須穿上500年前文藝復興時代的衣服，特別裝飾的古老街道、形形色色扮著古裝的人們，再加上懷舊色彩的商店、攤販，你會以爲是走在500年前歐洲的某一天。彷若穿越時光機一般，回到了古老的過去，老外喜愛變裝的樂趣，卻成了我大開眼界的探險樂園。

一個以英國西部Willingtown小鎭爲藍圖的村落景象，重建在美國加州Gilroy附近的Casa de Fruta的山腳下，然後，一個盛大的時空造景開始了。

超過20個經典故事的演出

首先，要把時間推回到西元15、16世紀的小鎭市集，街道兩旁搭起了熱鬧的商店，古舊的市集販賣著當時的貨品，手工藝品、面具、蠟燭、古董飾品、服裝、古童玩等。然後上千名的演員、劇場表演者穿著古老的依莉莎白時代服裝，扮演著商人、海盜、小丑、女皇、禁衛軍、騎士……穿梭在大街小巷，進行著各種表演，讓人彷彿置身在500年前的Willingtown小鎭市集一般。

1

2

1 2 騎士的馬上長劍比武 3 在街上巧遇英國女皇出巡 4 四處都是文藝復興時代裝扮的人潮 5 攤販上販賣的手工面具 6 仿造500年前英國小鎮建造的市集 7 舞台上有各種不同的表演 8 攤子裡賣的多是呼應舊時代的物品 9 海盜攤上可以讓你買到不少海盜的紀念物

就算沒有裝扮也沒有關係，現場5個大舞台，輪番上演著精彩絕倫的表演，有中世紀盔甲騎士的馬上長槍比武Jousting、傳統賽爾特人舞蹈表演(Celtic dance)、莎士比亞經典故事演出、小丑耍寶街頭賣藝、露天歷史劇等超過20種的表演加持，讓你目不暇給玩透一整天。

與歐洲中古世紀名人的邂逅之旅

商店門口大聲叫賣吆喝的Hawkers，是源自於文藝復興時代有太多的文盲，商店為了推銷生意，所以門口多是這種沿街叫賣的小販，中古世紀盛行的死亡遊行Danse Macabre也在這裡上演，因為中古世紀的人堅信，骷髏人的舞蹈能夠欺瞞死神山谷中已沒有活人，讓他離去，保佑村民遠離死亡。

走在街頭，建立於1485年亨利都鐸王朝(Henry Tudor VII)的禁衛軍(Yeomen of the Guard)，與你擦身而過，大詩人莎士比亞、Sir Francis公爵、依莉莎白女王、海盜皇后等各個文藝復興時代的名人紛紛現身街頭，如果你還要問世界上真的有時光機器嗎？對曾經來過這個奇特節慶的人來說，穿梭時光其實真的就是這麼簡單。

文藝復興節
Northern California Renaissance Fair

http www.norcalrenfaire.com

✉ 10031 Pacheco Pass Hwy Hillister CA 95023

美國10大國家公園

什麼是一生中一定要去的地方？相信山川壯麗的美國國家公園(National Park)，絕對是旅行家夢想的版圖之一。一張張壯麗的照片，絕對無法形容它的壯觀與美麗，唯有親身領略，無論是站在一望無際的峽谷，白雪無垠的冰川，黃沙漫漫的沙漠、歷時千年的紅木林，鱷魚出沒的沼澤，還是寸草不生的火山口，大自然的奇蹟、造物者的禮讚，是美國最優秀的資產，又怎能是你錯過的目標呢？

共有59座國家公園的美國，其中有14座已列入世界文化遺產。大部分的國家公園多集中在西部，其中加州有9座居冠，阿拉斯加則以8座次之，最早的國家公園為黃石公園(Yellowstone)，其中最受遊客歡迎的國家公園，分別是大峽谷、優勝美地國家公園及黃石公園。

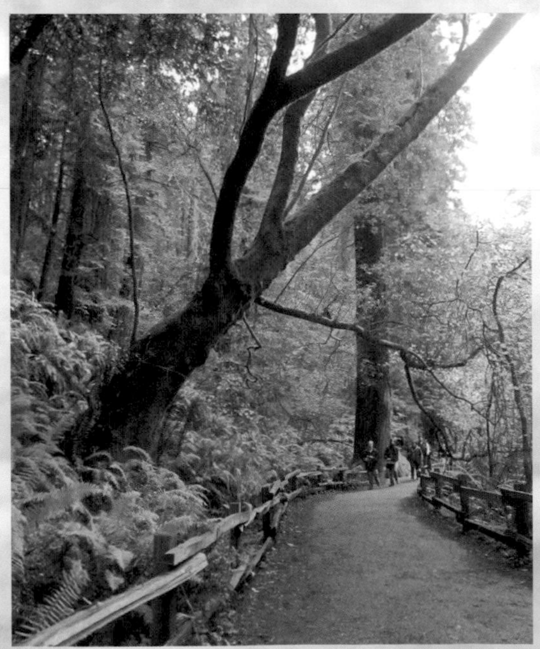

亞利桑納州 1

大峽谷國家公園 (Grand Canyon National Park)

一生中一定要去的景點，由科羅拉多河(Colorado River)沖刷千萬年才形成的大自然奇蹟，在陽光照耀下，閃爍出豐富顏色變化的岩壁，氣勢磅礡眞的是唯一的形容詞，被譽爲世界7大奇景之一。

圖片提供／NPS photo

圖片提供／Grand Canyon NPS

DATA

- http www.nps.gov/grca
- 南緣(South Rims)全年開放，北緣(North Rims)5～10月開放
  行車時數：拉斯維加斯／4 hr
  最佳時間：3～10月
- $ $35／車，$20／人

內華達州

2 優勝美地國家公園 (Yosemite National Park)

1984年被指定爲世界遺產，如刀削過的花崗岩石及居高臨下壯麗的瀑布，是它最大的特色。陡峭直立的花崗岩，彷彿被人用刀削過一般稜角分明，遠望料峭明月，凜冽又孤寂，上千條的瀑布，有的落差達七百多公尺，當瀑布傾瀉而下，萬馬奔騰的氣勢，蒸騰的霧氣有時還可看見雙彩虹的美麗倩影，古老的巨樹群，是千萬年前的遺跡，這裡有森林、平原、高地、懸崖、冰川、瀑布，永遠賞不完的自然美景。

以上圖片提供 / 蔡文

DATA

- http: www.nps.gov/yose
- 全年開放，但有些路段下雪時會關閉
  行車時數：舊金山 / 4 hr，洛杉磯 / 6hr
  最佳時間：5～9月
- $: $35 / 車，$20 / 人

懷俄明州、蒙塔納州、愛達荷州

3 黃石國家公園 (Yellowstone National Park)

至今還在活動的火山活動，造就了它特殊的溫泉和地熱景觀，煙霧瀰漫的溫泉，甚至還高高地噴射出地表面，豐富的野生動物生態，撞見動物的機率比別的公園高好幾倍。

以上圖片提供 / NPS photo

DATA

- http: www.nps.gov/yell
- 北及東北入口全年開放，其他入口有季節性關閉
  行車時數：鹽湖城 / 6 hr，丹佛 / 10 hr，拉斯維加斯 / 11 hr
  最佳時間：6～10月
- $: $35 / 車，$20 / 人

北卡羅來納，田納西州 4

大煙山國家公園
(Great Smoky Mountain National Park)

美國最多遊客造訪的國家公園(一年約9百萬人次)，最知名的是它霧氣瀰漫的森林，層層疊疊的遠山，煙雨濛濛時有如仙境，秋季樹葉由綠轉紅，烽火連天，看起來驚心動魄，公園Cades Cove內保存許多拓荒時期的移民痕跡，又有許多瀕臨絕種的野生動物，如大角鹿、黑熊等等。

以上圖片提供 / NPS photo

DATA

http www.nps.gov/grsm
全年開放，某些服務冬季關閉
行車時數：華盛頓D.C. / 8 hr，芝加哥 / 9 hr，紐約 / 12 hr
最佳時間：6～8月及10月是大旺季，需提早預訂
$ 停車費$5

猶他州 5

錫安國家公園
(Zion National Park)

幾乎與地面垂直的峽谷，有時甚至張開雙臂就可以觸碰得到，狹窄險峻又陡峭的橘紅色壁岩，常常在陽光照耀下，顯現出一種科幻片中的美感，詭譎又變化無常。數億年前慢慢沉積的砂岩，才能堆疊出這樣的世界奇觀，無論是侏羅紀時期歷經冰河切割的棋盤山(Checkerboard Mesa)，還是登高碰觸到納瓦霍砂岩(Navajo sandstone)的震撼，都讓人歎為觀止，這裡也曾是印第安人的棲息地。

以上圖片提供 / 吳碧月

DATA

http www.nps.gov/zion
全年開放，某些服務冬季關閉
行車時數：拉斯維加斯 / 2.5 hr，洛杉磯 / 6 hr，舊金山 / 11 hr
最佳時間：3～10月
$ $35 / 車，$20 / 人

猶他州 6

拱門國家公園
(Arches National Park))

精緻拱門(Delicate Arch)已成爲猶他州的地標象徵，兩千多座由風化岩石而形成的拱門巨石，成爲世界奇觀，當夕陽斜照巨石，霞光肆綻，是一片橙紅色的夢幻世界，讓你不禁屏息讚歎。

圖片提供／ NPS Photo by Neal Herbert

圖片提供／ NPS Photo by Jacob W. Frank

DATA

http www.nps.gov/arch
全年開放
行車時數：鹽湖城／4 hr，丹佛／5 hr，拉斯維加斯／6 hr
最佳時間：3～10月
$ $30／車，$15／人

加州、內華達州 7

死亡谷國家公園
(Death Valley National Park)

北美最熱最乾燥的地方，夏季氣溫最高曾到達攝氏56度，年降雨量僅低於撒哈拉沙漠。極端的氣候、沙漠的景象、險峻的環境，因此有「死亡谷」之稱，每年無數的探險家喪命於此，但它得天獨厚的地理特色，又令人永生難忘。例如惡水盆地(Badwater Basin)，低於海平面86米，是西半球海拔第二低的地方。另外Racetrack Playa的地質現象，即石頭可以自己移動，也是至今死亡谷中科學家們解不出的謎團。

以上圖片提供／吳碧月

DATA

http www.nps.gov/deva
行車時數：拉斯維加斯／2 hr，洛杉磯／4hr，舊金山／7hr
最佳時間：春天、秋天
$ $30／車，$15／人
i 炎夏不適合遊覽，這裡GPS汽車導航常失靈，地圖必備

佛羅里達州 8

大沼澤國家公園
(Everglades National Park)

有著台灣少見的沼澤地形，等於是個大自然的野趣樂園，你可以乘船深入沼澤地帶，去尋找沼澤區裡無數的鱷魚及其他的野生動物，一切是那麼地刺激又陌生。沿路上看到野生的傘蜥蜴，沼澤裡浮出了野生的大鱷魚，溼地是大自然最豐富的生態區，來到大沼澤這個已被列為世界遺產之一的國家公園，你一定有不同的收獲與感動。

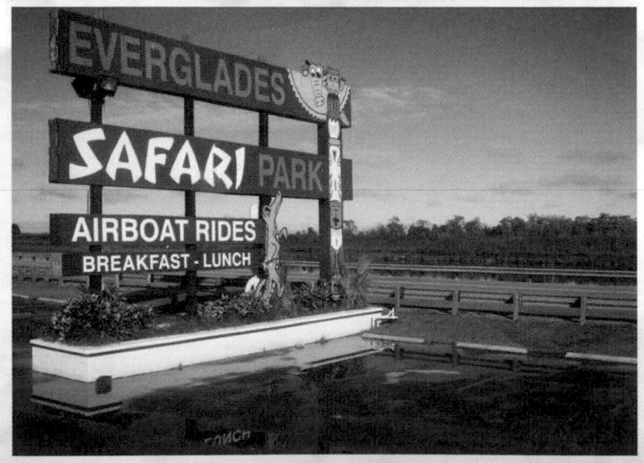

DATA

http www.nps.gov/ever
全年開放，某些服務季節性關閉
行車時數：邁阿密／1 hr
最佳時間：12～4月(旺季)
$ $30／車，$15／人

鱷魚秀

—大沼澤國家公園—大冒險

災難電影裡頭，吃人鱷魚的情節總是這樣的：划著小船度假的旅人，誤入了野生的沼澤地帶，兇猛的食人鱷魚伺機而出，靜謐的小河卻隱藏著暗暗殺機。

這樣驚悚的情節，不再只是電影裡假想的背景，這一次，飛到了美國東岸的邁阿密，在經過一個多小時的車程之後，來到了以野生鱷魚聞名的美國10大國家公園之一——大沼澤國家公園(Everglades National Park)。

神出鬼沒的大鱷魚

在這裡，鱷魚可不是動物園裡的觀賞樣品，野生的大鱷魚，生活在真實的沼澤地帶，你乘著空氣船(Airboat)，順流而下，深入沼澤，四處尋找著牠們的蹤跡，兩旁野生的蘆葦長得比人還高，蟲鳴鳥叫，小船停在河的中央，靜靜地搜尋鱷魚出沒的蹤跡。

位於美國東岸的邁阿密(Miami)，向來就是以鱷魚出名的城市，這裡的居民一出門，一定會趕

緊關上車庫的門，因爲晚上回家，在車庫裡發現躺著一隻大鱷魚，實在也不是什麼稀奇的事。車上的導遊描述著最近發生的一段新聞，一個婦人乘涼把腳伸進了屋後的小河裡，沒想到居然被鱷魚給咬了。

特有的大自然奇觀

位於美國佛羅里達州的邁阿密，因爲位於佛羅里達大沼澤地與大西洋之間，擁有十分特殊的生態環境，尤其是距離市中心1個小時的大沼澤生態保護區，由大沼澤及特有的溼地組成，從Kissimmee河，流經邁阿密的西北方，最後進入佛羅里達灣，已成爲國家級的自然保護區，其特殊生態全世界獨有，350種鳥類、500種以上的魚、40種哺乳動物，及50種以上的爬蟲動物、蛇等，尤其是河裡生活著數萬隻的大、小鱷魚，都是難得親眼所見的大自然奇觀。

早上前往能參觀重頭戲

參觀大沼澤國家公園，最好選擇早上前往，因爲多數的動物是在早上活動，而這裡的參觀重頭戲，當然就是搭乘空氣船，深入沼澤地帶，尋訪野生動物了。

沿途建議要搽上防蚊液，慎防蚊蟲叮咬，戴上帽子防曬，當中導遊兼船伕，還會發放耳塞，防止馬達啓動時的高分貝噪音。

在將近40分鐘的探險中，會發現鱷魚眞的就在你身邊，神出鬼沒的鱷魚不時露出水面，成爲大家鏡頭下的珍奇獵物。

富有教育意義的鱷魚秀

園區內尚有鱷魚秀，在結合鱷魚生態、頗富教育意義的解說下，深入了解這個恐龍時代就留下來的古早動物，其實一點也不可怕。

原來，鱷魚最愛的食物是烏龜，萬不得已才會想吃人。而壽命近乎150歲的牠們，是爬蟲類動物中壽命最長的，如今科學家已開始從鱷魚的血液中，提煉出長壽的祕密，唯有減少破壞、與大自然和平共存，人類才有希望。

觀賞完鱷魚秀之後，你可以與小鱷魚合照，接著，在林間徒步，認識周遭的野生植物與動物，整體的解說充滿了環保的意念與教育的意義，深入沼澤尋找鱷魚，眞是一趟驚奇的旅行！

Everglades National Park

✉ 40001 State Rd, 9336 Homestead, FL 33034-6733

☎ (305)242-7700

阿拉斯加 9

冰川灣國家公園
(Glacier Bay National Park)

一整片被冰覆蓋的世界，大自然如冰雕般雕琢出北國山川的壯麗。18處冰河白色的世界，在長達一百多公里的大峽灣裡，讓你看見冰山、冰穴、鯨魚、海豹、甚至是愛斯基摩人的划船。只有渡輪、船隻和飛機可以到達這裡，凍結的時空是白色與藍色的純粹交織，當冰山融化崩落的霎時，相信身處亞熱帶的台灣人，永遠不會忘記此刻的震撼。

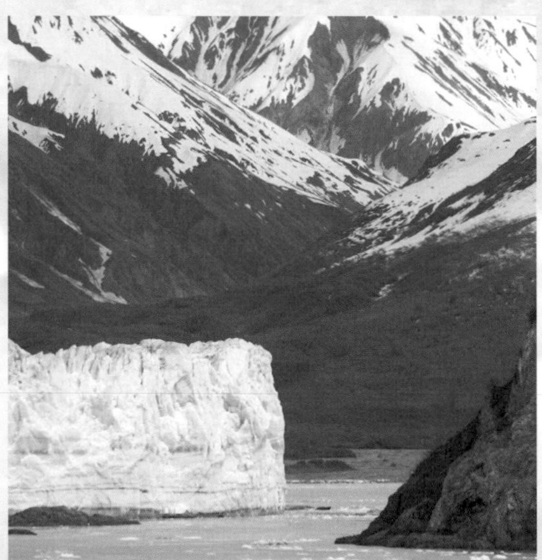

圖片提供／ Soon Lee Kang

DATA

- http www.nps.gov/glba
- 全年開放，但遊客服務有季節限制
  飛行前往：西雅圖或安克拉治至Juneau，再飛至Gustavus，或乘坐遊輪到達
  最佳時間：5～9月初
- $ 免費

猶他州 10

布萊斯峽谷國家公園
(Bryce Canyon National Park)

遠看像是橘色的龐大樹林，近看卻是堅硬的萬年石柱(Hoodoos)，綿延了滿山遍野的精巧石柱群，是歷經六千萬年前地層的演練，大自然的鬼斧神工，不得不讓你引頸讚歎，尤其美麗的日出觀景，石柱呈現千變萬化的姿態，將行程推向驚豔的最高峰。

以上圖片提供／葉能凱

DATA

- http www.nps.gov/brca
- 全年開放，冬季暴雪有時短期關閉
  行車時數：拉斯維加斯Las Vegas/4 hr, 鹽湖城Salt Lake City/ 4hr
  最佳時間：5～6月、9～10月
- $ $35／車，$20／人

國家公園怎麼玩？

根據旅遊地來選擇

美國國家公園，多集中在西岸，東岸較少。東岸著名的國家公園有位於緬因州的阿卡迪亞國家公園(Acadia National Park)，還有大煙山國家公園(Great Smoky Mountains National Park)，所以旅遊東岸時，可以考慮併入行程一遊，若是旅遊東南部，如邁阿密等地，那就別錯過大沼澤國家公園。

西岸北邊有奧林匹克國家公園(Olympic National Park)，最精彩的是位於西南的數座國家公園，可以考慮夏季遊覽，以3週的時間，從舊金山出發，將優勝美地國家公園(Yosemite National Park)、死亡谷(Death Valley)、錫安國家公園(Zion National Park)、大峽谷(Grand Canyon)、拱門國家公園(Arches National Park)合併一起遊覽，甚至還可延伸到黃石國家公園(Yellowstone National Park)，如果旅行地是舊金山、洛杉磯或拉斯維加斯，因爲距離都不算遠，或選擇上述的一個國家公園來遊覽，行程更添姿彩，美國國家公園的網站爲：www.nps.gov，有即時氣候，即時路況，及非常豐富的遊覽資訊。

1有些公園內有森林小火車，可以行前查詢 2鬼斧神工的羚羊峽谷Antelope Canyon，一生一定要去的世界奇景(圖片提供／吳碧月) 3國家公園的入口通常可以索取到免費遊園地圖 4設備完善的美國國家公園，通常指標都相當清楚 5舊金山周邊的謬爾森林Muir Woods，是歷經數千年的紅木林

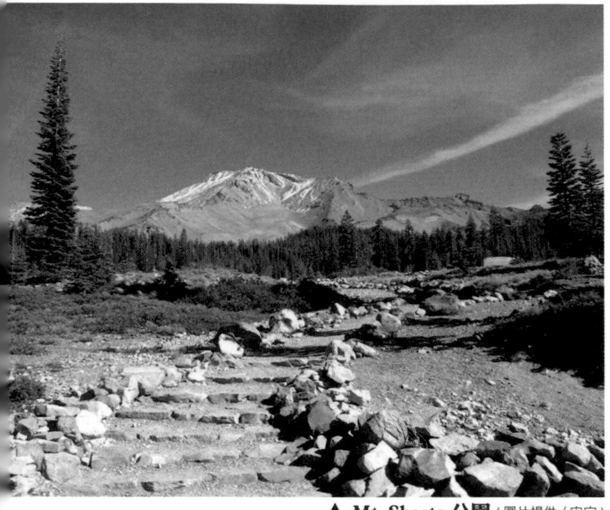

▲ Mt. Shasta 公園(圖片提供／安宇)

善用當地中文旅行團

老美一般喜歡開車遊國家公園，選擇自助開車遊的話，記得冬季有時車輛需上雪鏈(車上需備妥雪鏈)，停車時車窗要緊鎖，防止車內有食物，車子會遭到野生動物如熊的破壞，夏季6～8月爲旺季，國家公園內的住房，有些需3～6個月前預訂，否則臨時很難訂到。

背包客不開車，建議參加旅行地的當地旅行團，規畫1天～1週的國家公園延伸小旅行，美國當地的中文旅行社詳見P.173。

行家秘技　國家公園遊覽守則

無論是健走、露營、泛舟、或登山……，貼近大自然的旅行方式，更能深入地體驗到美國國家公園的壯麗，但在陌生幾近野生的環境中，還是得注意自身的安全。

- 氣溫早晚相差10度不足為奇，記得要注意保暖及多層次穿法，行前記得先上網確定天氣狀況。
- 準備充足飲水與乾糧，及一雙好走的鞋。
- 絕不任意碰觸任何野生植物，因為有些是有毒的。
- 不餵食任何野生動物，不激怒牠們。
- 隨時留意公園的警告標誌並嚴格遵守。
- 近來森林野火不時肆虐，行前務必注意國家公園的官網警告，有無因天候造成的道路或入口暫時封閉的訊息，也一定要告知家人或朋友你的遊覽計畫。
- 如果計畫遊覽2個或以上的國家公園，可以考慮購「America the Beautiful National Parks and Federal Recreational Lands Pass」可以省錢。購票可上網：store.usgs.gov/pass。

http 美國國家公園：www.nps.gov
http 露營或其他野外活動預定：www.recreation.gov

出發地	旅行團／費用(美金、雙人房均價)
舊金山 洛杉磯	優勝美地2日／$188 死亡谷、拉斯維加斯、大峽谷4日／$288 錫安、拱門、大峽谷7日／$698 黃石公園6日／$598
拉斯維加斯	大峽谷1日／$118 布萊斯峽谷2日／$268
紐約	大煙山4日／$176
邁阿密	大沼澤1日／$80

＊註：價格時有變動，僅供參考，費用不包小費，每日導遊司機小費 $7 ～ 10(需外加)。

美國10大名人故居

美國建國的歷史並不長，卻在短短的兩百年間，爬升成世界的無敵強國，並擁有改變世界的強大力量，拜訪這些名留青史的名人故居，一棟老房子卻藏著永恆的歷史，無數個動人的故事，走過光陰的洪流，如同翻閱一本通往時光隧道的書，永遠會為你的旅程增添深度，留下無盡的感觸與動容。

1 Steve Jobs House 蘋果神人賈伯斯故居

蘋果迷最留戀的追星地。1976年蘋果電腦創辦人賈伯斯(Steve Jobs)在這裡完成了50部蘋果1號電腦，結果以每部美金500元，賣給了山景城的Paul Terrell's Byte Shop。這棟老房子就是賈伯斯早年的故居，而房子裡的車庫，就是世界第一部蘋果電腦的誕生地。如今，蘋果電腦已是世界科技業的翹楚，這棟不起眼的老房子，也隨之而有了改變時代歷史性的意義。

DATA

賈伯斯故居

2066 Crist Drive, Los Altos, California

目前不對外開放，正提案列為歷史古蹟之一

2 Lincoln Home 美國總統林肯故居

解放黑奴的林肯(Abraham Lincoln)，雖然最後遭到刺殺，但卻是美國人心中最懷念的總統之一。這裡是他在入主白宮前的居住地，也是他與世長辭的地方。建於1839年的這棟老房子，林肯在1844年住進這裡，一直到17年後入住白宮為止。目前這棟房子的周圍路口，全部被規畫成國家古蹟，除了房子被完整地保留之外，附近還可以看見百年前林肯當年乘坐的遊行車等。

以上圖片提供 / Image courtesy of Lincoln Home National Historic Site

DATA

林肯故居(Lincoln Home)

www.nps.gov/liho

426 South Seventh St, Springfield, Illinois

(217)492-4241

參觀免費

The Villa by Barton G. 3

服裝大師 Gianni Versace故居

1992年，服裝大師Gianni Versace在邁阿密的海灘邊，花了數百萬美元買下這座豪宅，而後他在1997年7月15日，在這棟屋子的大門階梯上遭到槍殺，享年50歲，當時他正從Ocean Drive晨間散步回來，槍殺他的Andrew Cunanan在數天後也在船上飲彈自盡，動機不明。這場悲劇當時震驚了整個時裝界，而悲劇的地點，也是Gianni Versace的豪宅Casa Casuarina，就成了邁阿密當地熱門的觀光景點。

這棟地中海式大宅，擁有豪華的外觀，圍籬、窗戶……到處嵌滿了Versace服裝上——金色的女王頭Logo，過去曾被稱爲阿姆斯特丹皇宮(Amsterdam Palace)，室內被Versace改造的美輪美奐，自他死後，這裡就成了旅館和餐廳。

DATA

Gianni's at the Former Versace Mansion

http vmmiamibeach.com/gianni
✉ 1116 Ocean Drive, Miami, FL 33139
☎ (786)4852200

Jack London State Historic Park 4

文壇大師 傑克・倫敦故居

由他所寫的《馬丁・伊登》、《野性的呼喚》、《白牙》、《海狼》等小說，已成爲流傳百年的世界名著，生前150多篇的短篇小說，19篇的長篇小說膾炙人口，傑克・倫敦(Jack London)，是美國文壇響叮噹的人物。來到他的故居，你才會發現到他的一生有多麼傳奇。位在加州索挪瑪山谷(Sonoma)中的傑克倫敦州立公園中，你可以參觀到他的墓園，他住的小屋(cottage)，他夢想卻最後燒掉的狼屋(Wolf House)，甚至是他辭世的房間，在整片充滿著響尾蛇的林間漫走，心裡是極端地震撼著。40歲就英年早逝的他，整段人生都是讓人驚訝的故事。

DATA

傑克倫敦州立公園

http www.jacklondonpark.com
✉ 2400 London Ranch Rd, Glen Ellen, California
☎ (707)938-5216
$ $10

Graceland (the home of Elvis Presley) 5

搖滾歌王貓王故居

貓王(Elvis Presley)又稱爲世界搖滾之王，他的音樂深植人心，席捲世界，可惜42歲就因心臟病辭世，他留給世人的除了歌聲，就是這棟位於田納西州的白色豪宅「雅園(Graceland)」了。每年60萬人次的貓迷不遠千里而來，這裡是僅次於白宮，美國參訪遊客最多的房子，貓王在22歲時買下了雅園，房子裡如實地保留了他當年生活的痕跡，大門上留著無數貓迷的留言塗鴉，房子裡展示著他得獎的獎杯、當年穿過的服裝，甚至貓王蒐藏的汽車及屬於他的私人飛機等，短暫又絢麗的一生，貓王不死永留心中，而雅園也已成爲美國國家保護的古蹟之一，供世人永遠懷念。

DATA

雅園

http www.graceland.com

✉ 3765 Elvis Presley Blvd, Memphis, TN 38116 (Ticket office)

☎ (901)332-3322

$ $49.75

Mount Vernon 

美國國父華盛頓故居

這裡是美國第一任總統，也是美國國父喬治．華盛頓(George Washington)的故居，位於維吉尼亞州北部的維農山莊(Mount Vernon)，華盛頓從22歲起就住在這裡直至辭世，長達45年的光陰，甚至你現在在屋裡看到的，幾乎和他在1799年辭世前沒有太大的變化。擁有20多間房間，甚至當年他辭世的房間都可以參觀，戶外有個8,000英尺的大農場，很難想像曾馳騁沙場的開國元老，原來是農家出身，這麼精於農務，每天早上在華盛頓的墓碑旁，都有一個簡單的紀念儀式，坐在主樓的椅子上，遠眺著美麗的河流Potomac River，無限美景盡收眼底。這裡同樣也是火雞的放生地，像感恩節在白宮被歐巴馬總統放生的火雞，最後就是送到這裡來安享晚年的。

DATA

維農山莊

http www.mountvernon.org

✉ 3200 Mount Vernon Memorial Hwy, Mount Vernon, VA

☎ (703)780-2000

$ $28

Frank Lloyd Wright Home and Studio 7

建築大師萊特故居

世界4大建築大師，柯比意(Le Corbusier)、密斯凡德羅(Ludwig Mies Van der Rohe)、葛羅培斯(Walter Gropius)，都是歐洲人，只有萊特是土生土長的美國人，萊特(Frank Lloyd Wright)在美國建築業的地位可見一斑。這裡則是他生活了20年的故鄉，有他的故居，小鎮上光是出自他設計之手的，包括教堂、噴泉、民房等就有20多處，可以說是萊特作品最集中的地方，也是萊特粉絲們朝思暮想的朝聖地。

萊特建築的特色是，將建築融入自然的風景之中，他的建築從不掛畫，他不喜歡繪畫和雕塑，他認為善用空間就能成就美感，不需要多餘的裝飾，從自然環境中就地取材，讓建築也融入環境的一部分，這裡提供屋內的導覽團，也有騎單車逛橡樹公園的單車之旅，讓你有更深切的體認。

DATA

萊特故居

http www.gowright.org
951 Chicago Ave, Oak Park, Illinois
(312)994-4000
$ $15～30

Thomas Jefferson's Monticello 8

美國總統 湯瑪斯·傑佛遜故居

與華盛頓、林肯並列為美國最重要的3大總統，身為美國獨立宣言的起草者，也是美國第三任總統的湯瑪斯傑佛遜(Thomas Jefferson)，如果沒有參觀到他位於維吉尼亞州的故居蒙帝賽洛(Monticello)，你永遠也不會了解他的聰明才智和多才多藝。這棟由他所親自設計的莊園，你可以看見在當時少見的新奇設備，例如上下樓送菜的機關通道，嵌在牆壁上的臥床等，裡頭還有不少傑佛遜總統的發明，像是可以複寫的機器、自製的看書架等等，屋外的菜園當時是老總統試驗新品種的實驗地，這裡還有他的墓園和雕像等等。

DATA

傑佛遜故居

http www.monticello.org
931 Thomas Jefferson Parkway, Charlottesville, VA 22902
(434)984-9822
$ $32～95

Steinbeck House 9

大文豪史坦貝克故居

1962年諾貝爾文學獎的得主，1902年出生的美國作家約翰·史坦貝克(John Ernst Steinbeck)儼然已是美國文壇的瑰寶，來到他位於加州Salinas鎮上的出生地，不但可以在他住過的房子裡午餐，還可以實地參觀到他出生時的寢室等等。

大文豪故居同時也是一間書迷們連做夢都要去的餐廳，只要是曾經拜倒在他文筆下的書蟲們，無不爭相打聽，希望有朝一日，能來此一圓自己的追星夢。

書迷最愛的流浪哲學地

這個因為美國文壇大師約翰·史坦貝克(John Steinbeck)而發光發亮的文壇寶地，氣勢一點也

1

DATA

史坦貝克故居

http www.steinbeckhouse.com
132 Central Ave, Salinas, CA 93901
(831)424-2735
週二～六11:30～14:00(午餐需提前預約)

不磅礴，一棟超過100年的老維多利亞式建築，夾雜在一整排老屋子的Salinas市的大街上，溫柔平庸的表情，讓人很容易一不小心就忽略了它。然而，死忠的書迷們絕不會輕言放棄這裡，不來這裡享用一頓豐盛的哲學午餐，就不善罷甘休，因為這裡是史坦貝克的出生地和老家，這位轟動世界文壇的美國作家，曾經是諾貝爾文學獎及普立茲文學獎的得主，他一生得獎無數、著作無數，而這間由過去他的老家，搖身一變而成的「大文豪餐廳」，則是世界書迷們最愛的流浪地標。

震撼文壇的無數創作

外表是一棟1897的老房子，卻在1900年被史坦貝克家族買下後，創造了獨步世界的舉世光環。1902年2月27日，小小的約翰．史坦貝克誕生在1樓前面的寢室(Front Bedroom)，他和父母一直到妹妹Mary出生為止，一直住在這裡。10歲因姊姊上了大學，而搬到2樓前面寢室居住的他，在此房間內創作了他生平的第一本小說《The Red Pony and Tortella Flat》，爾後，他進入史丹佛大學就讀，斷斷續續地創作出無數震撼文壇的大作，像是得到普立茲獎的《憤怒的葡萄(The Grapes of Wrath)》、《珍珠(Pearl)》、《伊甸園東(East of Eden)》、《人鼠之間(Of Mice and Men)》……，因此有美國最偉大的作家之稱。

1房子的外觀是一棟古老卻優雅的維多利亞式建築，許多古董家具都是史坦貝克家族捐贈的 2古舊的壁紙加上許多家族的老照片 3史坦貝克出生的房間，現在變成了接待室 4餐廳地下室的禮物店 5這裡的菜肴是每週變換一次的

彷彿走進文豪的生活軌跡

這個擁有15個房間的兩層樓維多利亞式建築，因為是大文豪史坦貝克的出生地和成長地而聲名大噪，走進餐廳，濃濃的古董味包裹出了一個世紀前的懷舊情調。

餐廳最前面的接待室(reception room)，其實就是史坦貝克的誕生地，上了年紀的侍者會引領你走進屋內，印花壁紙、風霜的地毯、蕾絲的窗簾，牆上掛著無數家族的歷史老照片，就連家具很多都是由史坦貝克家族留下來的古董家具，逼真的留下了一代文豪真實生活的軌跡，然後，再以家鄉口味的道地菜肴，在杯觥交錯間，帶你留住歲月，感受到他生前最難忘的時光。

午餐需先致電訂位

也許菜肴比不上大菜館，而且還必須先電話訂位，但美食非重點，當蕾絲的窗簾布翻飛過滄桑的桌面，當崇拜的眼神與古老印花牆上的黑白肖像對望，期待能捕捉到不凡的文壇大師平凡的一角，都變成了書迷們跌落在餐盤裡的心願了。

Niles Essanay Silent Film Museum 10

默片大師卓別林小鎮

出生於英國1889年的卓別林(Charles Spencer Chaplin)，被譽爲世界3大喜劇演員之一，他是默片時代的翹楚，已成爲世界的文化偶像。這個小鎮便是以卓別林而聞名的，在好萊塢成名以前，位於加州佛利蒙特(Fremont)附近的Niles小鎮曾是默片電影的夢工廠，卓別林在1915年曾在此工作過數年，在此拍攝過5部影片，其中最有名的是《流浪漢(The Tramp)》，這裡留有他曾流連過的餐廳或商店，現在小鎮上有一個卓別林默片博物館，尙有許多以他爲標誌的壁畫，店招等等，每年6月的第一個週末，Niles小鎮會舉辦卓別林節(Charlie Chaplin Days festival)，最有趣的是「扮卓別林大賽Chaplin impersonator competition」，屆時大街小巷到處都是卓別林，非常有意思！

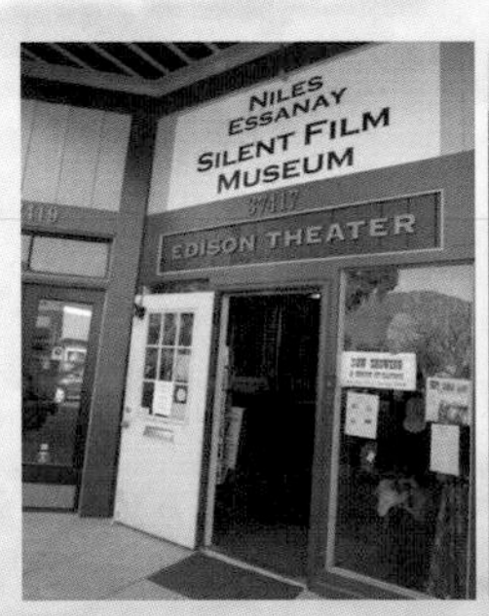

DATA

Niles默片博物館

www.nilesfilmmuseum.org

37417 Niles Blvd, Fremont, California 94536

(510)494-1411

買票學問多

買City Pass撿便宜

這個美國玩樂的通行證，包括大部分熱門的景點門票、甚至是7天無限制的交通搭乘券……等，可以幫你節省一半的費用。包括波士頓、芝加哥、洛杉磯、好萊塢、西雅圖、費城、舊金山、紐約、南加州迪士尼樂園……等多個樂園組合，還有加拿大的多倫多也都有推出City Pass。可以上網www.citypass.com詳加查詢，網上可購票，亦可在網上載明的地點購買。這種通行證需在使用第1日起的9天內用完，南加州South California City Pass則須在14天內用完。

留意免費日、折價日

博物館每個月都會有1天是免費的(多在每個月的第1週或第2週的某個星期幾)，每週某個星期幾的晚上也會有半價優惠，善加利用這些日子便能省大錢。

利用網路撿便宜

如果你是Costco的會員，在美國Costco網站www.costco.com搜尋Theme Park，就可以買到許多著名遊樂園的便宜門票；美國朋友若有AAA卡，也能幫你買到較便宜的門票。

參加當地旅行團

美國不少的城市有中國城，更有許多華人經營的中文旅行社，不但說國語也會通，由他們所推出的當地旅行團更是中文導遊、全程中文服務。要找到這些中文旅行社，就要先從當地的中文報紙下手，在紐約、舊金山、洛杉磯中國城或華人聚集的區域，都可以買到當地的中文報紙，或是上網到他們的網站上搜尋，如世界日報和星島日報等，只要一報在手，洽詢上頭中文旅行社的廣告電話，就能輕輕鬆鬆找到你想要參加的行程。

http 世界日報：ep.worldjournal.com
http 星島日報：std.stheadline.com

圖片提供／許志忠

美國當地中文旅行社

旅行社	電話／網站
美加旅遊	http www.c-holiday.com (650)589-9000
美國雄獅旅遊	http www.liontravel.us (626)569-9238
途風旅遊	http www.toursforfun.com (866)638-6888
縱橫旅遊	http uvbookings.toursbms.com/zh (212)334-4222
亞洲旅行社	http www.americaasia.com (626)571-2988
去旅遊網	http www.taketours.cn (400)870-6300

行家祕技 優惠票券哪裡找

辦好證件撿便宜

在台灣先辦好某些證件，像是ISIC國際學生證或是IYTC國際青年證等(詳見P.46)，有些博物館門票或著名景點門票都可以打折。

注意大學售票亭或超市櫃檯

美國大學都有學生售票亭，某些都不需要學生證，就可以低價購買到著名景點或博物館的優惠票，如迪士尼樂園、環球影城、樂高樂園等等。另外，有機會逛美國超市時，有時候在結帳櫃檯，也可以拿到某些遊樂園或某些節慶的減價券。

當地熱門中文旅行社行程

紐約熱門當地旅行團	
一日遊	紐約市區精華1日遊 華盛頓賞櫻
二日遊	★尼加拉瓜瀑布2日遊 ★波士頓哈佛大學2日遊 華盛頓DC／費城2天1夜
三日遊	尼加拉瓜瀑布／多倫多／千島勝地
舊金山熱門當地旅行團	
一日遊	舊金山市區一日遊 ★神祕點、蒙特利水族館、17哩風景線、Carmel ★Napa酒鄉 史丹佛、柏克萊大學校園遊覽 雷諾賭場或太浩湖
二日遊	★赫氏古堡、優勝美地

「★」表示作者推薦的旅行點，不去可惜！價格依旅行社不同有所調整。

通訊篇 Communication

要打電話、上網、寄信怎麼辦？

要打電話回台灣報平安、或是跟美國朋友聯絡，該怎麼做？超重的行李想先寄回家，又該如何處理？想上網又該去哪找？別擔心，所有在美國通訊的疑難雜症，看完本章就能一一擺平。

Wireless
WIFI
FREE
WI-FI
AT&T

打電話
學會在美國打電話的小撇步，跨區溝通無國界。

從台灣打電話到美國

台灣國際冠碼+美國國碼+區域號碼+電話號碼

先撥國際冠碼「002」、「007」、「009」……等，加上美國國碼「1」，最後加上區域號碼和電話號碼。區域號碼和電話號碼最前面如果有「0」，必須去掉不用撥。

撥打方法	台灣國際冠碼+	美國國碼+	區域號碼+	電話號碼
打到市話與手機	002／007／009……等	1	舊金山415／紐約212……等	7碼

從美國打電話回台灣

美國國際冠碼+台灣國碼+區域號碼+電話號碼

國家	撥打方法	美國國際冠碼+	國碼+	區域號碼+	電話號碼
打到台灣	台灣室內電話	011	886	2(台北)	7碼或8碼
	台灣手機			不須區碼	9碼(去掉0)

從美國打電話到美國當地

加碼+區域號碼+電話號碼

撥打方法	加碼+	區域國碼+	電話號碼
打同區市內電話(區域碼相同的電話號碼)	不需加碼	不需區碼	7碼
打外區市內電話(區域碼不同的電話號碼)	1	3碼	7碼
打手機號碼	1	3碼	7碼

美國生活常用電話

報案、火災 **911**	本區查號台 **411**	氣象台 **www.weather.com**	路況查詢 **1-800-4277623**
障礙台 **611**	外區查號台 **1＋區域號碼＋5551212**	報時台 **7672676**	郵局查詢 **1-800-2758777**

投幣式公共電話

因爲手機日益普及，公用電話已越來越難找到，基本上在機場，或某些大型商場的廁所附近較能找到。若是沒有零錢或零錢不夠，有以下幾種應變方式：

- 請對方打你的公用電話號碼，你可以在公用電話接聽。
- 可採用對方付費電話(Collect call)。若是國際電話，撥「01」，接通接線生後會爲你服務；若是美國國內電話，則是撥「0」。別忘了，透過接線生轉接電話是要收費的喔！

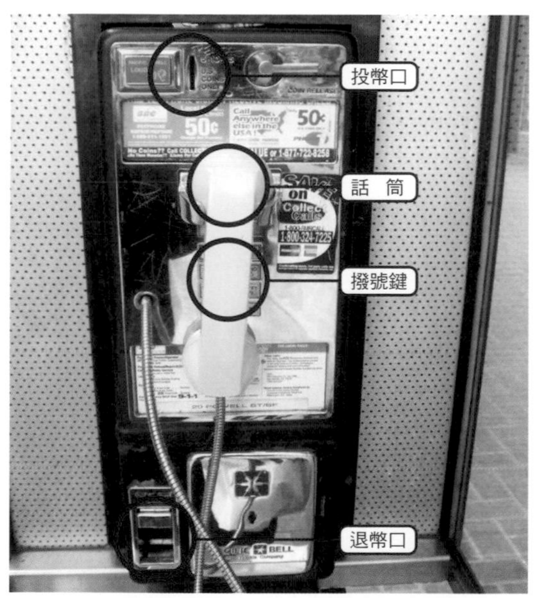

用APP打免費電話

出國前可下載通訊APP，如Line、WeChat、Facebook Messenger、WhatsAPP、Skype、Viber、Tango，在當地只要連上網路，即使人在國外也能免費通話、傳訊息或視訊。

行家祕技　打電話小撇步

用Skype比國際漫遊便宜

用手機從美國打到台灣，需要先打開國際漫遊功能，通常價格昂貴，記得先弄清楚計費方式再撥打，建議先在台灣買好國際電話預付卡較便宜。或是直接用Skype APP，可在Skype內加值，或上網購買Skype out 通話點數，通常會便宜很多，只是必須有網路。

免付費電話

800、888和866開頭的電話是免付費的，通常是商用電話，撥時前面要加1，如1＋800＋電話號碼。

會額外收費的電話號碼

900、915、976開頭的號碼會額外收費，有時每分鐘會到$7或更多，不要亂打，撥時也是1＋900＋電話號碼。

語音留言、轉接

很多美國的電話都是語音留言，說了一堆英文要你按鍵，聽不懂的話就別按，它會自動跳給接線生，或聽到「Dial xx to Operator or Customer representative」(接線生或業務代表)，跟著他說的號碼按鍵即可。

有英文字母的電話號碼

看到電話寫著英文字母不要慌張，如415-phoneus，這是為了便於民眾的記憶，只要照著電話鍵盤上的英文和字母對照，即可找到號碼是415-7466387。

郵寄

邊玩邊把不必要的衣物和東西陸續寄回台灣，可以避免將來機場行李過重的問題。

哪裡可以寄信

郵局

大部分的美國郵局，都會掛上一面大的美國國旗，並有「U.S. Post Office」的字樣。想找到你附近的郵局，可上網www.usps.com查詢。

美國郵局週一到週五8點或8點半到下午5點營業，有些郵局週六開到中午12點或下午1點。郵局提供寄信、取信、停止送信、買賣郵票、買現金匯票和租信箱的服務，還販賣郵寄紙盒和紙箱的服務。美國郵局幾乎都收信用卡，美國郵政效率優良，和台灣最大的不同處是，這裡的郵差會到你的信箱收信，所以，如果你是寄國內平信，按重量貼上適當郵票、丟在信箱裡就可以，但如果是國際郵件、掛號、包裹等，就得上郵局。

郵筒或超級市場

美國的郵筒是藍色的，原則上13磅以下的一般郵件(First Class Mail)可以投入郵筒。可以在郵局門口或附近的大街上、機場或商場找到郵筒，有些超級市場，像是Longs Drug……等內有郵局的櫃檯，也可以寄信或買郵票。

▲郵局的「得來速」寄信車道，寄信不用下車

門前的信箱

這點比台灣方便，只要把信放在信箱裡，豎起旁邊的紅色收信旗即可。

郵寄美國國內信件

美國境內郵資是平信63 cents(1盎司重)、明信片48 cents，包裹、信件則按重量計。你可以上網

www.usps.com查到所有郵件種類的說明及費用，非常方便。

郵寄種類	
一般寄送	First Class Mail
快郵	Express Mail
優先郵遞	Priority Mail
掛號	Registered Mail
國內掛號	Certified Mail
收件者付費	Collect－on Delivery (COD)
包裹	Parcel Post
航空	Air Mail
海運	Sea Mail
全球快捷	Global Express
全球保證速捷	Global Express Guaranteed

郵寄信件或包裹回台灣

如果是寄航空信件回台灣，就說「Air Mail to Taiwan, Please.」即可，櫃檯服務人員會先秤重，告知你價錢，並發表格讓你填寫，填完表格付費，郵局可使用信用卡付費。

目前台灣郵件的計價是：明信片$1.45，航空信件(Air Mail Letter)按重量計(不超過1盎司、$1.45)，航空包裹(Air Mail Parcel)按重量計(最重不能超過44磅)。價錢可能變動，可上網www.usps.com查詢。

▲美國郵局內有各式各樣的郵寄紙箱、信封袋，使用上非常方便，若不清楚要使用哪一種，請直接詢問服務人員，告知將郵寄的物品及郵寄方式。

行家祕技　正確的郵件填寫規格

明信片

❶ 收信人地址最好中文、英文都要有，如果是掛號，會需要填寫收信人的聯絡電話。中文地址英譯的快速查詢可上網查詢：www.post.gov.tw/post/internet/Postal(點選「中文地址英譯」)

❷ 郵票貼在這兒。

❸ 信件內容隨你寫。

❸

Air Mail ❷

❶
太雅出版社 收
111台北市士林區
劍潭路13號2樓
2F, No.13, Jiantan Rd.
Shilin Dist.
Taipei City 111
TAIWAN

信件

❶ 收信人地址最好中文、英文都要有，如果是掛號，會需要填寫收信人的聯絡電話。

❷ 寄件人地址姓名，也是你的退信地址。

❸ 郵票貼在右上角。

❹ 航空就寫上「Air Mail」，海運就寫上「Sea Mail」。

David Chen
111 6th Ave. Apt 3E
New York, NY10001
United States

❶ To: 太雅出版社 收
111台北市士林區劍潭路13號2樓
2F, No.13, Jiantan Rd.
Shilin Dist., Taipei City 111
TAIWAN

包裹

- Fragile，即易碎品。
- Do not Bend，不要折疊，寄照片時最需要。
- Preishable，易壞，郵寄食物時寫上。
- Do not X-Ray，不可通過X光，寄膠卷時需要。
- Printed Matter，印刷品，郵寄費會便宜些。

上網

國際漫遊通常很昂貴，建議購買網卡或是租借Wi-Fi分享器。

使用當地免費網路

智慧型手機非常方便，除了打電話、拍照，不論網路購物、地圖導航、資訊搜尋、購票及行動支付等，無一不需要手機處理。美國許多商家、公共場所、圖書館、機場、甚至大眾捷運系統都會提供免費網路供你上網，可以下載搜尋Wi-Fi的APP，搜尋所在地點附近有提供網路的咖啡廳、餐廳或最接近的共享熱點（HotSpot）。基本上美國的咖啡廳大部分都能免費上網。

WiFi Map
(iOS、Android)

WiFi Finder
(iOS、Android)

WiFi Around
(iOS、Android)

國際漫遊

國際漫遊費用非常貴，且台灣手機申請無線上網吃到飽方案，有些並不適用國際漫遊，若要使用，一定要事先向電信業者詢問清楚。若不使用，則強烈建議在國外先將此功能關閉，以免被無端計費。

購買網卡

行前先上網購買好網卡（SIM Card），到達後再插卡使用，也可當地購買。在美國某些機場、大賣場或當地的電信公司都可以買到預付卡（Pay-as-you-go phone），除了電話服務外，也有各種臨時上網的方案選擇。美國最大的三家電信公司爲AT&T、Verizon和T-Mobil，可以根據需要的流量及速度，選擇吃到飽、1日到30日等不同的方案，另外還有Docomo，適用於美國關島、塞班島、羅塔島、天寧島等地區。

除了一般的網卡之外，還有一種更先進的虛擬網卡（eSIM，Embedded-SIM），無需插入實體卡片，只要向電信商取得QR Code掃描之後，即可遠端下載植入手機程式，更方便使用。

三大電信公司比一比

紐約熱	優點	缺點
AT&T http www.att.com	美國最大電信公司，網路涵蓋廣、收訊佳	價格適中
Verizon http ww.verizon.com	覆蓋率最廣，適合跨州移動	價格稍貴
T-Mobil http www.t-mobile.com	價格較便宜，如果在城市使用物超所值	城市覆蓋率高，偏遠地方收訊較差

租借Wi-Fi 分享器

若使用網路人數不只1人，租借Wi-Fi分享器會比個人網卡更划算，Wi-Fi分享器通常都可吃到飽，可數台裝置一起分享使用，適合重度使用者，缺點是無法撥打電話，而且需充電使用。

網卡、分享器購買資訊這裡查

- http www.klook.com
- http www.kkdays.com
- http www.wifimay.com.tw
- http www.telestial.com(可購買各種國際網卡)

＊以上資料時有異動，以官方最新公告為準。

應用英語ABC

單字片語

Hold on 請稍候
Hang up 掛斷
On the line 通話中
Dial 撥號
Insert coins 投入硬幣
Extension number 轉接號碼
Stamp 郵票
Post Office Box 郵政信箱
Mail slot 投郵口
Mail box 郵筒
Envelope 信封
Return address 回郵地址
Zip code 郵遞區號
Receiver 收件人
Postcard 明信片

應用會話

May I speak to Mr. Lee?
我可以和李先生說話嗎？

You dial the wrong number.
你打錯電話了。

Could you please transfer this call to extension number/room number 1401?
請轉接電話到代表號或房間號碼1401好嗎？

Please leave your message after the tone.
嗶聲後請留言。

All operators are busy at this time.
所有服務人員正在忙線中。

If you need more information, please dial or say 1.
如果你需要更多的資訊，請撥或說1號。

Where is the Post office / mail box?
郵局／郵筒在哪裡？

Where can I get stamps?
郵票在哪裡買？

I would like to send this letter by air mail to Taiwan.
我想寄航空信件到台灣。

What is the cheapest way to send it?
哪種寄法最便宜？

How long will it take?
要多久？

What is the postage?
郵費多少？

I would like to make a collect call to Miss Lin. The telephone number is Taiwan Taipei 28930000.
我想要打對方付費電話給林小姐，電話號碼是台灣台北28930000。

接線生：What is the area code? The area code is 2. (如果是打台北，要說2，不是02)。

接線生：Go ahead. Miss Lin is on the line right now. 請說，林小姐現在在線上。

接線生：Sorry, the line is busy. Could you try again later? 抱歉，正忙線中，可否稍候再撥？

I have deposited the money but the call cannot go through. Could you return the money to me?
我已經投了錢但電話不通，你可以退我錢嗎？

Please hold on, there will be change in the coin mouth. 請稍候，錢將退回退幣口。

應變篇 Emergencies

圖片提供／ Wenny Chen

在美國發生緊急狀況怎麼辦？

身在人生地不熟的異鄉，萬一發生意外該怎麼辦？本篇告訴你當遇到小偷、豔遇、東西遺失、迷路或是生病的狀況時，最受用的應變方法。

PHARMACY

物品遺失、被竊

出外旅遊，除了保持心情愉快外，仍要提高警覺注意自身安全。

護照遺失

出國旅行如果遺失護照，可說是一件相當麻煩的事。如果你下一個行程就是返台，可申請臨時入境證明，約需時2～3個工作天；不過，若你還要再前往其他國家，那就一定得辦理護照補發，程序就會複雜些，且需費時約1～2個星期。不論是哪一種證件遺失，大致的處理步驟為：

報案

立即到當地警察機關報案，並取得遺失證明。

補辦護照

前往當地的台灣駐外大使館機構申請核發臨時入境證明函，需備妥遺失證明、護照影本、機票、個人2吋證件照及手續費。

補辦簽證

若簽證也遺失了，請備妥資料前往該國駐外辦事處申請補發，需備妥遺失證明、簽證影本、機票、個人2吋證件照及手續費。

保存報案證明書

領取臨時入境證明函或補發的護照後，即可返國或繼續你的旅程。

護照補發這裡辦

駐美國台北經濟文化代表處
(202)895-1800
緊急連絡電話：(202)895-1885、(202)669-0180

駐紐約台北經濟文化辦事處
(212)486-0088 / 緊急連絡電話：(917)743-4546

駐波士頓台北經濟文化辦事處
(617)737-2050 / 緊急連絡電話：(617)650-9252

駐芝加哥台北經濟文化辦事處
(312)616-0100

駐休士頓台北經濟文化辦事處
(713)626-7445

駐邁阿密台北經濟文化辦事處
(305)443-8917 / 緊急連絡電話：(786)253-7333

駐西雅圖台北經濟文化辦事處
(206)441-5686

駐舊金山台北經濟文化辦事處
(415)362-7680

駐洛杉磯台北經濟文化辦事處
(213)389-1215

駐檀香山台北經濟文化辦事處
(808)595-6347

駐關島台北經濟文化辦事處
(671)472-5865

其他地點
http www.taiwanembassy.org

＊以上資料時有異動，以官方最新公告為準。

機票遺失

現在基本上都是使用電子機票(e-ticket)較多，較不會有機票遺失的問題，但避免行政上的錯誤，最好事先列印購票憑證並隨身攜帶。

行李遺失

查看四周，尋求協助

先看看四周有沒有類似的行李箱，若有，那你的行李極可能是被誤拿了。若仍找不到，趕快找航站人員幫忙。

遺失登記

託運行李時，航空公司的人員都會將行李提領單貼在機票背面；拿行李提領單和機票到失物招領處登記。在失物招領處填寫申請表格時，請詳細地寫清楚行李箱中的物品和價格。

申請理賠

若3天後還是沒找到行李，則可向航空公司申請賠償。

信用卡遺失

電話掛失

立刻打電話回台灣向發卡銀行掛失止付。

補發新卡

若接下來的行程急需使用，可向發卡銀行申請立刻補發，並告知海外的郵寄地址，約2星期即可收到發卡銀行寄出的新信用卡。若不急著使用信用卡，可於回國後再向發卡銀行申請補發。

貼心小提醒

證件影印、拍照、存擋做備份

出國前最好先將護照與各國簽證都影印一份，並準備個人2吋之證件照數張，以備不時之需。若身上有護照影本，可縮短補發所需時間，對行程的影響也會減至最低。

貴重物品不要託運

證明文件、貴重物品請務必隨身攜帶，千萬不可放在行李箱中託運；但若真有貴重物品需託運，請在託運時申請報值託運，否則航空公司對於託運行李遺失的賠償金額通常很低。

行前查好信用卡掛失電話

出國旅遊前，記得先詢問發卡銀行的掛失電話，以備不時之需。

遭竊、被搶

不幸被搶或被偷，可以先向當地警察局報案或者透過旅館櫃檯人員找警察前來處理，申請開立被盜證明書，再交給海外急難救助單位，並與保險公司連絡，以便辦理賠償事宜。

如果因為遭竊而旅遊經費不夠，可以請台灣親友匯款。至於匯款事宜，有不懂之處可以向台灣駐美辦事處求援。最快速方便的方法就是直接電匯到當地銀行分行，記得取款時要帶護照喔！

如果你連護照都被偷了，請馬上到當地警察局報案或請台灣駐美辦事處幫忙。如果是行李遭竊，除非之前向航空公司申請報值託運，否則最高賠償金額是每公斤$20，隨身行李每名乘客最多$400。航空公司通常需要4天的工作天來確認行李遺失與否，要耐心等待。

生病受傷、緊急狀況

美國醫療費超昂貴，行前最好備妥常用藥物及購買旅遊醫療險。

購買旅平險

美國的醫療費用眞的超貴，普通感冒等小毛病的醫生看診費，會高達$200或以上，緊急狀況的大手術更是不得了！雖然全民健保可以理賠國外的醫療費用，某些醫療保險也包括國外的醫療、住院費用理賠，但出國前加買旅遊平安險，眞的是值得愼重考慮的。

保險理賠項目

旅遊平安險有意外險和醫療險兩種，意外險是指因意外發生而導致的殘障和身故的理賠，醫療險則包括國外住院、手術、治療和醫藥費用的理賠。另有海外旅遊不便險，理賠行李遺失、延誤，飛機延誤、食物中毒……等項目。

保險哪裡買

向保險公司或在機場購買，通常投保旅行平安險的手續非常簡單，不須另外體檢。一般只理賠新的疾病、已有的慢性病、或180天內曾診治過的疾病、精神病、AIDS、牙齒治療不含在內。

圖片提供／許志忠

行家祕技：保險索賠備忘錄

如果在旅行途中真的生病或發生事故，別忘了要留下以下的收據或文件，供日後回台灣索賠時使用。申報時記得查明申報時效，如全民健保須在診療或出院後的180天內申報。

生病或意外受傷：

1. 醫療費用核退申請書(可至健保局全球資訊網站下載www.nhi.gov.tw)
2. 醫療費用收據正本及費用明細(doctor and medicine detail receipts)
3. 診斷書或證明文件(a medical certificate and accident report)
4. 影印護照當次入出境戳章

失竊或遭搶：

1. 警察局報案紀錄
2. 損失單據證明
3. 毀損者照片

自救偏方

1. 出國前應整理好牙齒，補牙或洗牙，國外看牙，貴啦！
2. 有慢性病者，應先備妥足夠的藥物。
3. 旅遊美國最常見的常備藥是：感冒藥、腸胃藥、頭痛藥、退燒藥、蚊蟲藥，請記得要準備齊全。

生病自救

由於語言不同及就醫費用昂貴，因此出國前應隨身攜帶常備用藥；有慢性病的人除了要求醫生多開些時日的處方，還要記得帶英文診斷書，以便醫生可以馬上做出判斷。

生病求救

若身體感覺不適，可詢問旅館的服務人員，或請他們協助前往最近的醫院，若遇到緊急狀況直接撥打911；若是在旅遊途中，可請路人幫忙叫救護車或詢問醫院，亦可聯絡海外救助單位。由於在美國看醫生費用非常昂貴，因此出發前最好投保海外旅行傷害及疾病險。就診後務必保留就診費用與診斷書、發票等相關文件，作爲健保或保險核退之用。若需要叫救護車、警察、消防車，可打911，公用電話撥打這個號碼，都是免費的。

貼心小提醒

留心急診的保險理賠條件

急診費用很高，若你在不必要看急診時看急診，保險公司不會支付費用。另外，首次看醫生，可使用現金、信用卡或支票，有些診所會希望你先付費。

申請健保給付

只要檢附以下單據，回國後向健保局提出申請即可：

- 繳費收據
- 住院證明(若有住院須索取)
- 當次的出入境證明(可影印護照上海關所蓋的進出入境戳章)。若當地醫療院所允許，也請影印或開立處方箋副本
- 病歷表
- 醫療院所全銜名
- 醫院住址
- 主治醫師姓名
- 診斷證明書

回國後請向健保局要一份「自墊醫療費用核退申請書」，此申請書須先向投保單位蓋章，填齊資料備妥附件單據後即可遞送，健保局會審核撥款。必須注意的是，必須「緊急就醫」才能符合申請條件。

行家秘技　藥房買藥步驟

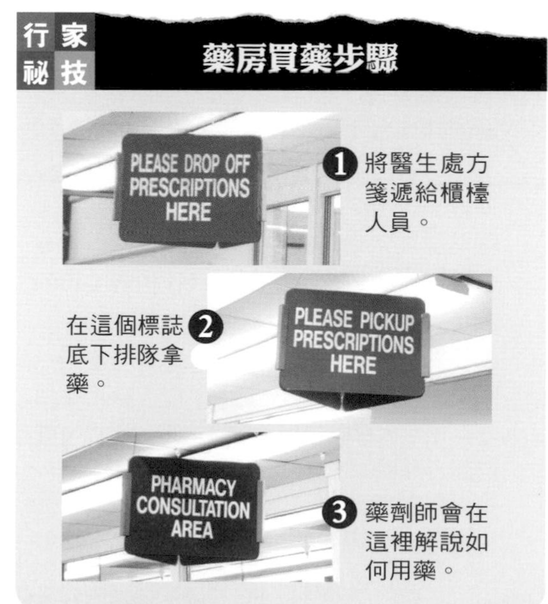

1. 將醫生處方箋遞給櫃檯人員。
2. 在這個標誌底下排隊拿藥。
3. 藥劑師會在這裡解說如何用藥。

當地熱門成藥

美國屬醫、藥分制，若無處方箋是不能買藥的，但諸如感冒、頭痛、過敏等藥品則可在藥房、超市或一般商店找到。

TUMS
胃藥

Move Free
葡萄糖胺

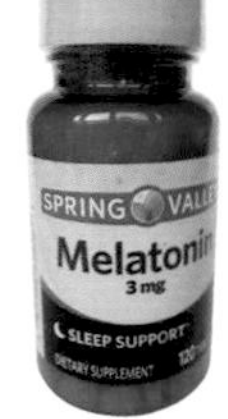

Melatonin
褪黑激素(助眠)

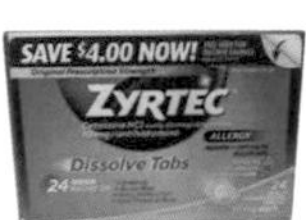

Zyrtec
過敏藥(皮膚過敏)

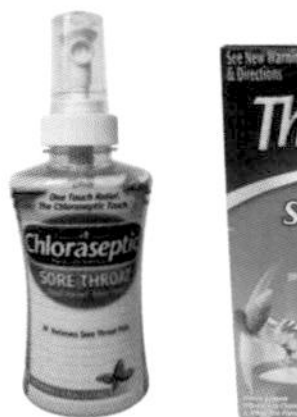

Chloraseptic
喉嚨痛噴劑

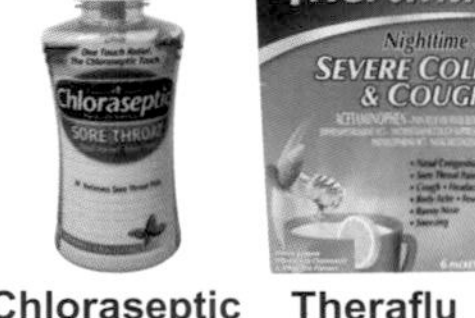

Theraflu
感冒&止咳藥(夜晚型)

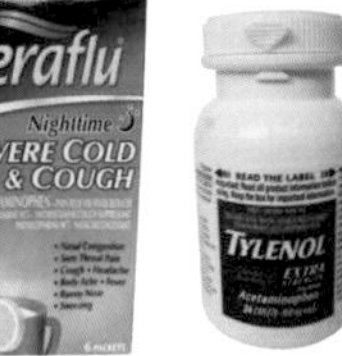

Tylenol
止痛藥(普拿疼)

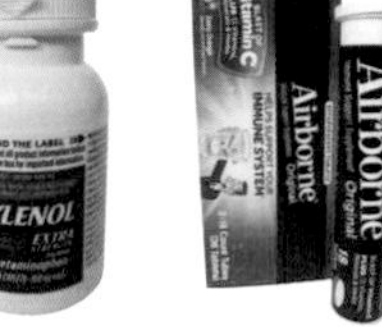

Airborne
預防感冒高單位維他命補充錠

貼心 小提醒

行前防疫準備，旅程更安心

- **準備健康包：**防疫物資不能少，包括疫苗卡、口罩、酒精擦、乾洗手，濕紙巾、耳溫計、Covid快篩劑，甚至拋棄型手套等，雖然這些當地都買得到，但預先準備會減少很多麻煩。事先將酒精分裝成小於100ml的小瓶就可以帶上飛機。
- **充足醫療包：**退燒止痛藥、各種感冒藥、咳嗽藥、喉嚨痛藥、流鼻水藥，以及維他命C片等。若旅程包括野外山林，記得準備防蚊片和藥膏。
- **購買旅遊醫療保險：**美國醫療費很貴，健保理賠有上限，強烈建議一定要購買足夠的海外旅遊醫療保險。

找廁所

去過紐約的人都知道，很多公共場所的公廁都會關閉，甚至餐廳的廁所也不外借，因爲公廁會成爲治安的死角。治安不好的區，就盡量不要去上公廁，建議多在商場、大型百貨公司用他們的廁所；開車則多半是在加油站上廁所。

- 美國的廁所大都很乾淨，會供應洗手皀、衛生紙和擦手紙。
- 幾乎大部分的廁所，都供應丟棄式的馬桶坐墊紙，非常衛生乾淨。
- 廁所裡有時會找不到垃圾桶，是因爲美國人是直接把衛生紙丟進馬桶內的。
- 女生生理期用的棉條，是丟在這裡的。

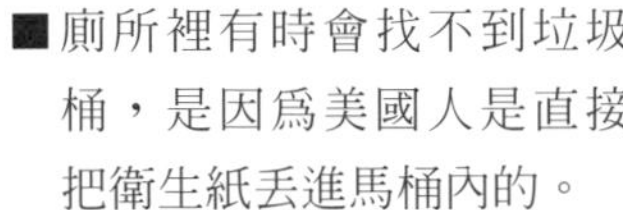

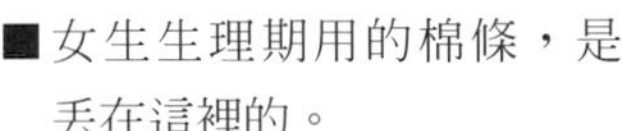

- 美國只排一條隊伍，從第一間廁所有點距離的地方開始，哪間廁所先出來，就隨次遞補，比較公平，也有禮貌。
- 幾乎都設有殘障專用廁所，且空間較一般的大。

迷路

美國和台灣最大的差別是：好區和壞區非常的明顯。紐約的壞區是曼哈頓135街以北的南布朗克斯，哈林區更是令人聞之色變；舊金山的壞區則是聯合廣場以西的田德隆區(Tenderloin)，和市政中心以北的西餘區(Western Addition)。如果不知身處於好區或壞區，只要仔細觀察周圍環境即可猜測得出，若周圍的車輛多破舊、環境污髒、流浪漢多，就要提高警覺，可能是進入治安較差的區域了。

迷路時最好的方法，就是問路，第一個問路的對象，當然是警察，然後是路旁的商家，再來是路上看來還算正派的人。

使用手機導航已經非常普遍，但如果進入偏遠地區或是國家公園山區，往往會沒有網路訊號，所以事先下載離線地圖(Offline Map)就格外重要。另外，長時間使用手機導航非常耗電，因此多準備行動電源充電，或是開車要準備車充，都是必須的。

貼心小提醒

開高速公路要注意標示

開車很容易因為下錯或錯過了應下的出口而迷路。注意美國高速公路的出口標示，若是標「Exit Only」或有黃色的標誌，則表示此為出口線道，如果沒有要下出口，就要趕快換車道，以免最後被逼著下高速公路。

下載Google Maps離線地圖Step by Step

選定地圖區域

輸入目的地並點擊所要的地圖區域。

選擇下載

「Download」。

確認容量並下載

螢幕上會顯示地圖範圍及所需容量，確認後再次點按「Download」。

豔遇、禮節

不論是陌生人的熱情搭訕，或者是因各種形式的聚會而產生的豔遇，你必須先瞭解美國人的習性，以免貽笑大方。

怎麼知道老外對你有意思？

「May I buy you a drink?」(我可以請你一杯飲料嗎？)在餐廳或酒吧，若有人主動請你喝飲料，甚至是主動熱情搭訕，就是對你有好感。如果喜歡，可以接受；不喜歡，可以禮貌地拒絕

不同的身體語言

第一次見面時通常是握手，成爲朋友之後，才會互相擁抱，並且臉碰臉地在空中親吻；對話時，美國人希望你和他保持約半米的身體距離。

打招呼

隨性的美國人，即使是第一次見面，也都習慣直接稱呼名字；但若在正式的場合或者面對服務生、店員等時，已婚或未婚的女士都應冠上「Ms.」或「Madam」，男士則稱「Mr.」。而自我介紹時，未婚女性要加上「Miss」、已婚女性須自稱「Mrs.」、男性則在姓名前加上「Mr.」。

穿著

一些非正式的聚會可接受年輕人T-shirt、牛仔褲的打扮，但行囊中最好還是準備一套較爲正式的服裝，上高級餐館或正式宴會時可派上用場。另外，由於美國室內普遍都有空調，即使是在夏天，最好也準備一件小外套。

社交

若受邀至對方家中參加晚宴，切記不要提早5分鐘前到達，此時主人可能還正忙於準備，會造成對方的困擾，是一件很不禮貌的事情。但若受邀吃正式晚餐，不要遲到超過15分鐘；非正式的聚會，則可容許遲到20分鐘；至於雞尾酒會，則在預定時間的30～40分鐘後抵達會場即可。

禮物

美國的收禮文化與我們相當不同，若有收到贈禮，應該當面打開禮物，表示感謝以示尊重(很多老美收到禮物後還會回贈你謝卡)，這點與我們喜歡默默收下禮物，回家自己慢慢拆禮物，相當不同。

貼心小提醒

約會地點要明亮

約會最好選在人多、明亮的地方，美國舊金山愛滋病(AIDS)病人相當多，千萬不要被異國戀情沖昏了頭。

治安

自疫情後美國的治安問題日趨嚴重，尤其槍枝暴力更引人詬病，因此，旅美期間須時時提高警覺，隨時注意周遭的安全。

- 天黑後盡量不在治安不好的區域走動。
- 隨時注意周遭環境動態，不要只專注看手機。
- 搭乘地鐵時盡量靠牆等候，避免被歹徒趁機推入鐵軌。
- 財不露白，不要將皮包或手機隨意放在鄰座或桌上，以免被人順手牽羊。
- 避免將貴重物品置於車上，尤其近來舊金山停車被敲破車窗的犯罪頻傳。

車子被歹徒敲破玻璃的慘狀 ▶

單字片語

緊急時刻
accident report 事故報告
arrest 逮捕
Rape 強暴
Pickpocket 扒手
Robber 強盜
Thief 小偷
break in 闖入
witness 證人
victim 受害人
policeman 警察
ambulance 救護車
emergency room 急診室
Hospital 醫院

生病
Clinic 診所
Prescription 處方箋
Pharmacy 藥房
Medicine 藥
Symptoms 症狀
Temperature 溫度
Thermometer 溫度計
Blood pressure 血壓
Pulse 脈搏
IV (intravenous drip) 點滴
Surgery 開刀
X-Ray X光
Virus 病毒
general check-up 例行健康檢查
inheritance 遺傳
artificial respiration 人工呼吸
anesthesia 麻醉
allergies 過敏
vomit 吐
weak 虛弱
dizzy 頭昏
infection 發炎
numb 麻
pain 疼痛
rash 出疹子
Cought 咳嗽
Runny Nose 流鼻水
Sneezing 打噴嚏
Sore Throat 喉嚨痛
Nasal congestion 鼻塞
Severe Cold 重感冒
Headache 頭痛
Back pain 背痛
Sour Stomach 胃痛
Diarrhea 拉肚子
Gas discomfort 噁心
Abdominal 腹痛
Acute pain 急性疼痛
Severe pain 劇痛
Dull pain 微痛
Piercing pain 刺痛
Burning 灼痛
Pressing pain 絞痛
Crampy pain 痙攣痛
Persistent pain 持續地痛
Occasional pain 間歇地痛
Slight pain 輕微疼痛
Uncomfortable 不舒服
Fever reducer 退燒藥
Pain reliever 止痛藥
anti itch 止癢
insect bites 蟲咬
alcohol 酒精
spray 噴劑
syrup 糖漿
pill 藥丸

Please send an ambulance immediately.
請馬上派救護車過來。

I had a car accident.
我出車禍了。

I am injured.
我受傷了。

I am bleeding very badly.
我流了好多血。

Where is the nearest police station / hospital?
最近的警察局／醫院在哪裡？

Could the police come over right now?
能現在派警察過來嗎？

Would you mind being a witness?
你願意當證人嗎？

My luggage was stolen.
我的行李被偷了。

My bag was snatched.
我的包包被搶了。

There is a pickpocket in the bus.
車上有扒手。

Could you give me a thief report?
你可以給我一張失竊證明嗎？

I have a cold / fever.
我感冒／發燒了。

What kind of symptoms do you have?
你有什麼樣的症狀？

I have a runny nose / I cough up phlegm.
我流鼻水了。／我咳出痰來。

I feel slight pain in here.
我這裡有點痛。

Will you give me a shot / injection?
你會給我打針嗎？

I am allergic to this medicine.
我對這個藥過敏。

救命小紙條 你可將下表影印，以英文填寫，並妥善保管隨身攜帶

個人緊急聯絡卡
Personal Emergency Contact Information

姓名Name：

年齡Age：

護照號碼Passport No：

血型Blood Type：

信用卡號碼：

海外掛失電話：

旅行支票號碼：

海外掛失電話：

航空公司海外電話：

緊急聯絡人Emergency Contact (1)：

聯絡電話Tel：

緊急聯絡人Emergency Contact (2)：

聯絡電話Tel：

台灣地址Home Add：(英文地址，填寫退稅單時需要)

投宿旅館：

旅館電話：

其他備註：

緊急救護、報案電話911
非緊急報案電話311
外交部旅外急難救助專線
011-800-0885-0885
011-886-085-095

駐紐約臺北經濟文化辦事處

www.taiwanembassy.org

1 E 42nd St, New York, NY10017, United States
(5th～Madison Ave之間)

(212)317-7300
領務專用：(212)486-0088
急難救助：平日(212)317-7300、假日(917)743-4546

行前最後確認 每一次的旅程總是讓人期待不已，在出發前多花5分鐘做最後的確認吧！

- □護照的有效期限是否還剩下6個月？護照照片頁可影印備份。
- □旅行許可文件是否已申辦完成？
- □前往美國的來回機票預定好了嗎？別忘了列印下來隨身攜帶，也給家人備份。出發前再次檢查自己的名字拼音是否正確。
- □信用卡的卡片是否已簽名？卡片資訊和銀行聯絡電話可備份。
- □外幣兌換的準備。
- □若手機需要海外漫遊服務，和電信公司先行確認。
- □手提行李請勿放入超過單項超過100mL的液體。
- □常用藥品記得放入手提行李。
- □抵達美國後，從機場到第一晚住宿飯店的交通方式。
- □海外旅遊保險的保險單。
- □去機場前別忘了秤秤自己的託運行李，別超過航空公司行李重量限制。